数字社会科学丛书编委会

"十四五"时期国家重点出版物出版专项规划项目

数字社会科学丛书

国家出版基金项目
NATIONAL PUBLICATION FOUNDATION

胡铭

周翔 等著

实践与变革

数字法治

Digital
Rule of Law
Practice and Reform

ZHEJIANG UNIVERSITY PRESS
浙江大学出版社
·杭州·

图书在版编目（CIP）数据

数字法治：实践与变革 / 胡铭等著. -- 杭州：浙江
大学出版社，2022.8（2024.1重印）
　ISBN 978-7-308-22483-3

　Ⅰ. ①数… Ⅱ. ①胡… Ⅲ. ①互联网络—科学技术管
理法规—研究—中国 Ⅳ. ①D922.174

中国版本图书馆CIP数据核字（2022）第059035号

数字法治：实践与变革

胡　铭　周　翔　等著

策划编辑	张　琛　吴伟伟　陈佩钰
责任编辑	钱济平　蔡圆圆
责任校对	许艺涛
封面设计	浙信文化
出版发行	浙江大学出版社
	（杭州市天目山路148号　　邮政编码　310007）
	（网址：http://www.zjupress.com）
排　　版	杭州林智广告有限公司
印　　刷	杭州宏雅印刷有限公司
开　　本	710mm×1000mm　1/16
印　　张	14.25
字　　数	168千
版 印 次	2022年8月第1版　2024年1月第2次印刷
书　　号	ISBN 978-7-308-22483-3
定　　价	78.00元

浙江大学出版社市场运营中心联系方式：0571-88925591；http://zjdxcbs.tmall.com

PREFACE 序言

　　进入 21 世纪第三个 10 年，后疫情时代、新型大国博弈关系、俄乌冲突等大事变正深刻影响大变局的走向，特别是第四次工业革命与第二次机器革命高度融合、叠加推进，加速了移动互联网、人工智能等颠覆性科技的赋能应用，催生了数字法治、智慧司法等新理念、新事物，引发了智能机器伦理、网络隐私防范、生物安全风控等新问题、新挑战。**从司法空间的拓展看**，人、物理世界、智能机器、数字信息世界的四元空间加快形成，未来的司法将与互联网等虚拟载体建立更加紧密的交互关系。**从信息技术的应用看**，人机协同、群智开放的智能增强时代正在到来，未来的司法将与智能形态的发展高度关联。**从未来社会的动能看**，大信息、大生命、大物质等学科群的会聚将为社会发展提供强劲动力，未来的司法将与产业升级和治理变革同向并行。

　　由此可见，我国司法将面临参与主体、权利客体、规则内容的全方位变化，甚至将迎来法律关系重构、人才体系重塑、审判制度重建的可能，迫切需要联合实务界、理论界等各行各业的精锐力量，从信息学、法学等不同的学科视角进行全面回应。

　　作为国内学科最为齐全的大学之一，浙江大学坚持以交叉融合引领法学创新研究、以开放合作推进法学学科发展，形成了服务智慧司法的"浙大方案"。

　　一是将"司法智能化"的前沿成果转化为审判效能提升的硬核支撑，与浙江省高院、阿里巴巴等合作研发的全流程智能化审判系统，已应用到杭州市上城区人民法院等司法机关，在民间借贷、互联网交易等案件审判中作用显著。

　　二是将"人工智能＋法学"的叠加优势转化为复合型卓越法学人才培育的特色资源，在全国率先建设了"人工智能与法学""人工智能法务"等交叉学科或学科方向，与法院系统合作设立了智能审判项目法官助理，与互联网法院合作开发了"在线法庭"课程，为各行各业输送了一大批复合型法学人才。

　　三是将智慧司法的需求转化为高层次法学人才创新研究的自觉行动，打造了"大数据＋立法"等研究团队，建设了互联网法律研究中心、司法与人工智能研究中心等，举办了互联网法律大会、互联网法治西湖论坛等系列品牌活动，依托国家"2011"司法文明协同创新中心、浙江立法研究院等高端智库，承接了《浙江省电子商务条例》等法规起草任务。

　　面向未来，习近平总书记深刻地指出，"法学学科是实践性很强的学科，法学教育要处理好知识教学和实践教学的关系。要打破高校和社会之间的体制壁垒"。① 基于法学教育特点、司法实践情况和科技创新形势，未来司法要强化科技赋能，聚焦相关法律问题，让科技在社会治理中更好发

---

① 习近平：《立德树人德法兼修抓好法治人才培养　励志勤学刻苦磨炼促进青年成长进步》，参见http://www.gov.cn/xinwen/2017−05/03/content_5190697.htm#1。

挥作用。

一是系统考虑第四次工业革命给司法带来的新挑战，提前研究 5G 技术与司法场景应用、区块链与证据运用、智能审判系统与案件类型对应、未来产业与司法保护、科技创新与能动司法等前沿问题，构建与智能形态发展、行业产业升级等相适应的司法规则体系。

二是在基础较好的综合性大学试点复合型卓越法治人才培养，特别是通过数字法庭模拟、"在线法庭"课程设计、互联网案例研讨等，探索法学理论与司法实践相结合的人才培养新体系，如在浙江大学等高校设立科技法治专班计划，专项培养具有数字创新能力和知行合一精神的法学精英。

三是在更大范围推广浙江大学等高校服务智慧司法的经验，在更高层面构建院校合作关系，共同探索科技法学、数字法学、生物法学等学科会聚模式，共建一批新型研发机构，如在浙江大学设立中国数字法治研究院，及时研究智慧司法运行中面临的系列学理问题等。

以上内容主要摘自本人在 2020 年 9 月 23 日互联网法院工作座谈会上的发言，是为代序。

吴朝晖

2022 年 7 月 13 日

DIGITAL RULE OF LAW 目 录

INTRODUCTION 导　论

　　人类已经进入了数字信息时代，与之对应的法治环境也呈现新规律。首先，数字法治和传统法治相比，法律解决的问题意识不同。传统法治产生于工业社会，土地、机器是其核心生产要素，核心问题是解决所有权等产权问题。而数字法治所针对的问题正在发生分野，数据、信息是生产要素，法律的核心将是解决数据资源的共享使用而非归属问题。其次，数字法治和传统法治所立足的社会基础不同。传统法治以文字化的契约为交易基础，数字法治则使数字化的信用成为社会纽带。再次，数字法治和传统法治对应的社会治理模式也不同。传统法治是一种基于人的理性判断的标准化管理，而数字法治则可以依靠数据的准确预测实现个性化治理。最后，数字法治和传统法治相比，我国所处的国际地位不同。清代以来，我国的法治理论基本是学习西方，但今天，中国的数字社会发展程度已经跃居世界前列，"城市大脑"、健康码、非羁码等源于杭州的创新，都是浙江为全球治理贡献的中国方案。全新的产业与治理模式，必将推动全新的法治模式。数字法治将全面重构传统法治的理念，中国也将第一次有机会为人类文明贡献新的法治模式。

数字法治以数字法学理论为基础。数字法学是近年来兴起的数字技术和法学理论交叉的新领域，不仅是科技和法学的深度融合，而且是跨文理学科的新研究范式和新法治实践的全面整合。根据数字技术在其中的角色，数字法学的主要范畴可区分为对象论和工具论，对象论主要包括要素层、平台层和产出层，工具论侧重于数字技术赋能法学研究和法律适用两类场景。数字法学的主要方法可二分为围绕规范展开和数据建模驱动，前者通过解释或重构法律规范取得成果，后者主要以定义任务设计模型满足需求。数字法学将带来法学教育的变革，亟须培养文理兼修、面向数字智能未来的数字法治人才。

数字法治是对数字法学理论的实际应用，包括科学立法、严格执法、公正司法、全民守法等多个方面的综合集成，是通过数字化技术对体制机制、组织架构和业务流程的重塑。立法方面，以促进数字资产的有序流通为重点，探讨通过立法引领数字化改革和权利保障；执法方面，以严格执法为目标，探讨数字行政如何重塑行政法的效能原则；司法方面，以司法公正为导向，探讨法院如何利用数字赋能和组织创新，在比如智慧法院和互联网法院等建设中有所作为。

在立法环节，数字法治的任务是以科学立法为引领，推动数字利用和权利保障。通过出台与数字经济、数字产业有关的立法，促进数字资源的流通，已有一定实践的摸索。2020年3月30日，《中共中央 国务院关于构建更加完善的要素市场化配置体制机制的意见》正式通过，其中突出了"数据"这一新型的生产要素。《个人信息保护法》等数字立法，进一步规定数字资产的利用方式和数字权利等具体内容。2020年10月27日，杭州市人大常委会审议通过《杭州城市大脑赋能城市治理促进条例》，这是我国第一部数智城市的地方立法。保障数据的流通、共享是数据经济繁荣发展的基本前提,本书将在这些已有的立法例基础之上,以数据在智能化设备领域的应用为例,来阐释数据锁定现象的成因和相关各方的利益格局。本书认为,数据市场本身以及涉及的主体、行为、法律关系均是多元化的,相关立法应面向数据市场的多元化需求,应体系化地确立与平衡包括数据流通、数据保护、数据安全等在内的多重立法目标。

在执法环节,应以推进依法行政为目标,通过数字化技术推动行政法治进程。首先,数字政府建设在地方实践过程中体现为区域行政组织一体化,其内核即构建以数据共享为核心的整体政府,比如浙江省在 2017 年印发的《浙江省公共数据和电子政务管理办法》明确"公共数据资源目录中的数据,通过公共数据平台共享交换",并确定了共享原则、种类、程序等内容。其次,数字化的行政法治路径直接表现为自动化行政的兴起,比如浙江省以"最多跑一次"改革为牵引,积极打造全省"互联网+可信身份认证"平台。最后,数字化的行政法治路径蕴含了丰富的行政法治内涵的变革,实践中长三角各地都通过"一窗受理、集成服务"或者"一网通办",梳理公布了"最多跑一次""不见面审批"事项,推进了便民服务、投资审批、市场准入等重点领域的改革。在以上行政法治实践基础上,本书进一步提出行政要素数据化、行政组织一体化、行政行为自动化、行政程序效能化等四个命题,并且从公共数据的界定与权属配置、基于数据共享的整体政府、"秒批"与"码治理"、既有效又有限的现代行政权力运行模式等方面进行了学术提炼。

在司法环节,应以公正司法为导向,数字赋能和组织创新并举。首先,智慧法院等一大批项目体现了数字赋能司法的理念。最典型的是 2017 年

4月12日，最高人民法院通过《关于加快建设智慧法院的意见》，提出智慧法院"是人民法院充分利用先进信息化系统，支持全业务网上办理、全流程依法公开、全方位智能服务，实现公正司法、司法为民的组织、建设和运行形态"。长三角地区在智慧法院建设中成绩斐然，例如浙江的"微法院"、上海的"上海刑事案件智能辅助办案系统"、江苏的"苏州模式—千灯方案"、安徽的"减刑假释网上办案平台"等项目都具有极高的代表性。其次，是以互联网法院为代表的组织创新。2017年6月26日中央全面深化改革领导小组第三十六次会议通过了《关于设立杭州互联网法院的方案》。2018年7月6日，中央全面深化改革委员会第三次会议在杭州互联网法院试点一周年的经验基础之上，增设了两家互联网法院。互联网法院在审判方式上实现了在线审理和异步审理等模式创新。在线审理模式中，打破空间限制，把庄严的现实法庭直接"搬"到了网络虚拟空间。我们立足于司法领域的前述数字创新，提炼出科技和法律的关系这对法理的基本命题，还从如何探索适应审判智能化的诉讼规则和如何为国民经济信息化、智能化保驾护航两个方面展开，并且做了未来发展的前瞻。

在守法环节，应以积极鼓励全民参与，国家、社会为全民参与法治提供平台为切入点。与执法层面自上而下不同，守法更讲求调动群众的法治参与积极性。这方面，"枫桥经验"等过去的基层治理模式为如何开展全民守法提供了借鉴。多元化纠纷解决机制，是国家治理体系和治理能力现代化的重要内容，是新时代"枫桥经验"建设的重要方面，也是国家法治化发展水平的重要标杆。在数字化时代背景下，以第三代人工智能为代表的数字化技术为新时代"枫桥经验"的精细化、社会化、法治化提供了新的契机与条件，同时也为当下社会治理的网络化、信息化、智能化带来了全新的机遇与挑战。我们对其中的问题和解决方案这两个方面进行了讨论，提出以标准化增强社会治理能力、以网格化提升社会治理绩效、以人民为中心设立社会治理目标的系统性方案。

数字法治不仅是对法治的各个环节本身进行赋能，而且也在保障数字经济的健康发展。数字经济，毫无疑问已经成为我国经济发展的新动能，其中又以平台经济最为突出。要保障平台经济在有序的轨道上运转，离不开数字法治的保驾护航。在本书的最后一部分，我们研究了平台网络化与数字化的挑战和风险，并具体到电商、金融与数据三个维度，提出网络平台的治理应当区分不同的问题、平衡的价值和可选择的路径上的差异。

数字法治的立法、执法、司法和守法的多个方面，离不开地区之间的协同保障。一直以来，长三角地区作为数字产业发展之重镇，也是区域法治协同的先行示范区。本书以互联网违法犯罪为例，讨论了长三角地区如何开展与区域法治协同有关的案例及其启示。根据最高人民法院发布的《司法大数据专题报告：网络犯罪特点和趋势》，大部分网络犯罪案件分布于东南沿海。为此，长三角地区协力合作树立"源头治理"和"综合治理"的政策理念，加强区域协作，实现对长三角地区网络违法犯罪的有效打击。长三角地区的上海、江苏、安徽、浙江市场监管部门于 2020 年 12 月在浙江温州签署《长三角地区市场监管网络案件联动执法合作协议》。2018 年 5 月，在上海，沪苏浙皖一市三省公安厅（局）长齐聚长三角区域警务一体化暨首届中国国际进口博览会环沪安保圈会议，共同签署《长三角区域警务一体化框架协议》。基于上述实践做法，我们进一步做了学术提炼，提出"公私合作模式"，并且主张"能动主义司法"解释理念的更新，从"法益、罪名、结构、内容"的立法体系完善思路。

CHAPTER 1

| 第一章 |

从数字法学到数字法治

数字法学是近年来兴起的数字技术和法学理论交叉的新领域，不仅是科技和法学的深度融合，而且是跨文理学科的新研究范式和新法治实践的全面整合。根据数字技术在其中的角色，数字法学的主要范畴可区分为对象论和工具论，对象论主要包括要素层、平台层和产出层，工具论侧重于数字技术赋能法学研究和法律适用两类场景。数字法学的主要方法可二分为围绕规范展开和数据建模驱动，前者通过解释或重构法律规范取得成果，后者主要以定义任务设计模型满足需求。数字法学将带来法学教育的变革，亟须培养文理兼修、面向数字智能未来的数字法治人才。

一、数字法学的提出

　　近年来，以大数据、区块链、人工智能为代表的新兴技术运用于法学理论和实践，产生了一批科研和实践成果，如法学理论对数字主权、数据权利、网络安全等问题的研究成功推动立法，加快了健全数字治理体系；又如法律实践领域对智慧法院、智慧检务等司法数字化应用的积极探索，提升了数字时代的司法效能。然而，我国数字化实践显然走在了法学研究的前面，存在研究碎片化、理论体系缺失等问题。从过去西方法学交叉领域研究的兴衰史看，若始终难以形成强有力的学科基础论研究，则有可能在一股热潮后面临停滞乃至消亡的危机。① 有鉴于此，本研究提出"数字法学"这一概念，是基于当下可见的理论和实践摸索，尝试在类型学方法下展开理论梳理，一方面初步提炼该领域的研究和实践所共通的思维方法，另一方面为今后该领域的进一步发展提供动力和支撑。

相较于本研究所倡导的"数字法学"，学术界已经有一些相关概念的探讨。一是"网络法学"，以互联网的规范内容、基本特性以及基本原则的独立性为主要研究内容。二是"数据法学"，侧重于对数据的收集、使用与处理、竞争与垄断、共享与转让等数据行为展开论述。三是"计算法学"，强调研究范式的转型，采用统计学、现代数学、计算智能等技术方法对相关数据进行研究，将计算视为技术方法之本。四是"人工智能法学"，提出人工智能法学是由"人工智能＋法学"交叉融合而成的独立新型学科。② 在国外，有"法与数字科技"（Law and Digital Technologies）、"人工智能与法"（Artificial Intelligence and Law）等交叉领域及专门期刊。③ 以上概念各有侧重，从不同角度反映出法学研究对信息智能革命强烈的学术关切与回应。互联网、大数据、人工智能均属于数字技术的基本范畴，上述相关概念与

---

① Michael Guihot, "Coherence in Technology Law", Law, Innovation and Technology, 11, 2019, pp.311, 316−317.

② 数据法学的研究参见何渊：《数据法学》，北京大学出版社2020年版；网络法学的讨论参见来小鹏：《论作为独立法律部门的网络法》，载《法学杂志》2019年第11期；计算法学的研究参见张妮、蒲亦非：《计算法学导论》，四川大学出版社2015年版；申卫星、刘云：《法学研究新范式：计算法学的内涵、范畴与方法》，载《法学研究》2020年第5期；人工智能法学的探讨参见刘艳红：《人工智能法学的"时代三问"》，载《东方法学》2021年第5期。

③ 如Artificial Intelligence and Law是Springer旗下一本同时被计算机科学和法学索引的学术刊物，五年平均影响因子为3.26。参见该期刊官网，https://www.springer.com/journal/10506，2022年4月5日访问。

数字法学并非排斥的关系，而是具有很强的包含或者深度交叉的关系，如有学者已提出数字法学应该包括数据法学、网络法学、人工智能法学等基本板块，而数据法治、网络法治、人工智能法治均是数字法治建设的应用场景。①

之所以仍有必要提出"数字法学"，主要基于以下思考：首先，契合中国话语的顶层设计。《中国国民经济和社会发展第十四个五年规划和2035年远景目标纲要》专篇提出"建设数字中国"②，并就"数字经济"③"数字社会""数字政府"以及"数字生态"的打造与建设做专章规划。数字法学属于数字中国的下位概念，与数字经济呈并列关系。④其次，数字法学有助于实现两个统一。有学者旗帜鲜明地指出，数字法学之所以具有里程碑式的意义就在于两个统一：把互联网、大数据、云计算、区块链、人工智能、算法等统一于"数字科技"，把目前相对分散与孤立的有关数字领域的法律研究统一于"数字法学"，统筹推进互联网、大数据、云计算、区块链、人

① 姜伟、裴炜：《数字治理亟待构建数字法学学科》，载《新华文摘》2022年第3期。
② 某些省份，如浙江省提出"数字浙江"概念，参见刘乐平：《奋力打造数字中国示范区、全球数字变革高地》，《浙江日报》2021年11月23日第1版。
③ 经济领域的命名基本已统一为"数字经济"，鉴于信息经济概念可能产生的歧义以及多数国家都通用数字经济，我国2016年开始提出数字经济概念，有助于我国更好地实现国际对标，推动数字经济发展，开展跨国数字经济合作，可参见马化腾等：《数字经济》，中信出版社2017年版，第XVI页。浙江省2020年出台了全国第一部有关数字经济的地方性法规《浙江省数字经济促进条例》，其中第二条将"数字经济"定义为以数据资源为关键生产要素，以现代信息网络为主要载体，以信息通信技术融合应用、全要素数字化转型为重要推动力，促进效率提升和经济结构优化的新经济形态。
④ 一般认为"数字经济"对应"农业经济""工业经济"，"数字社会"对应"农业社会""工业社会"。这便很自然会出现一个问题，"数字法学"是否有相同的对应概念，如"农业法学""工业法学"。农业经济对应的是以农业生产为主导的社会的经济形态，工业经济亦可做类似解释。诚然，我们并不用农业法学、工业法学对应数字法学，但实际上，如果我们将农业社会的法律和法学问题界定为农业法学，也未尝不可，只是我们习惯了将农业法学做狭义的理解，即关于农业用地、生产经营、农民权益与农业立法等法律问题。

工智能等的法律、伦理、法理研究。[①] 最后，数字法学能够覆盖法学研究所关注的数字技术应用的全流程，包括从数据的采集、存储、使用与流通，到作为生产、社交、娱乐组织中心的数字平台，再到众多、具体的数字产品应用场景。

　　作为一个新兴交叉领域的基础理论研究，至少需要厘清以下三个方面的问题：一是数字法学的基本定位，以明确其要实现什么样的目标。二是数字法学的主要范畴，以梳理其聚焦的最主要议题。三是数字法学的重要方法，以承载其研究方法和研究范式的革新。鉴于既有理论成果的碎片化、数字法学相关议题的多样性[②] 与数字中国建设的全面推进，从理论上阐释数字法学的时机已经基本成熟并成为当下的重要课题。

二、数字法学的基本定位

　　数字法学是数字技术与法学理论深度融合的交叉研究领域。从知识和主体两个方面来回答如何进行深度融合以及由谁共同推进融合发展的问题，有助于凝聚当下各方的最大共识，有助于明确数字法学的基本定位，有助于指明未来研究的共同目标。于知识层面，需要回答数字法学所选取的"数字"技术的特殊意义，如何实现数字技术和既有法学理论的深度融合，以及法学又能够从跨学科融合中实现什么样的理论创新等问题。于主体层面，鉴于法学与技术文理相结合的学科特点，当前的关键是能否将技术背

---

① 　张文显：《我对发展数字法学学科的两点建议》，载微信公众号"法学学术前沿"，2022年4月3日。

② 　E. V. Talapina, "Comparative Digital Law: Its Rise and Prospects", Journal of Russian Law, 25, 2021, p.18.

景人员与法学背景人员整合并深度合作，将来的趋势是培养交叉复合型数字法学人才。

（一）技术和法学的知识深度融合

1. 为什么是数字技术

数字技术（Digital Technology），是一项与电子计算机相伴相生的科学技术，其是指借助一定的设备将图、文、声、像等各种信息转化为电子计算机能识别的二进制数字后进行运算、加工、存储、传送、传播、还原的技术。① 计算机科学内部有一套学科划分体系，根据指引技术发展的不同目标，我们将之更通俗化地描述为以下三个方面：一是"万物的可测量"。从传感器的发明到办案的线上化，再到生活的数字化等从数字技术迈向生活方式的转变，使得日常工作生活的全面数字留痕正在成为可能。这些留痕从模拟数据转变为 0 和 1 表示的计算机可读的二进制，进而以数据代表"某件事物的描述""把现象转变为可制表分析的量化形式的过程"②，使反映万物画像的属性能够如体积、面积、重量等我们熟知的特征一样变得容易测量。自然语言处理技术、数据库技术等数字技术分支可归入此类。二是"万物的可连接"。"将人、流程、数据和事物结合一起使得网络连接变得更加相关、更有价值"，其中又包括人对机器、机器对机器、人对人两两之间的连接。③ 互联网时代所实现的人对人的互联，物联网时代将之进一步升级

① [美]安德鲁·V.爱德华：《数字法则》，鲜于静、宋长来译，机械工业出版社2015年版，第XIII页。
② [英]维克托·迈尔-舍恩伯格、肯尼斯·库克耶：《大数据时代》，盛杨燕、周涛译，浙江人民出版社2016年版，第104页。
③ 郎为民编著：《大话物联网》，人民邮电出版社2011年版，第31页。

为机器之间的互联以及更好的人机交互。区块链、云计算、物联网等数字技术分支可归入此类。三是"万物的可计算"。旨在从数据的分析中获得知识，以更好服务于人类的生产生活。机器学习、深度学习等数字技术通过任务定义、数据标签化等流程，使用算法实现数据建模，最终输出开发者所欲的预测结果。① 机器学习、深度学习等算法方面数字技术都可归为此类。

"数字"具有多重社会含义，高度概括了本轮信息革命浪潮的主要影响。（1）数字是经济层面的生产要素之一。"数字经济"一词已经获得《"十四五"数字经济发展规划》等中央和各地官方文件的认可。市场经济本质上是法治经济，"数据"是重要的生产要素之一，我国应当为数据的生产与流通提供法治保障。（2）从政府层面看，数字是权力运行的产物。当前中国政府各部门政务信息化已经达到相对较高的水平，网络化进程不断加快，政府与城市数据正加速汇聚与融合。② 国家治理与政府运转的过程，一方面被自动记载为数字形态而稳定保存，另一方面也借由大数据获得反馈和升级。（3）从法律层面来看，数字是私权保障的重要客体。相继出台的《网络安全法》《个人信息保护法》《数据安全法》等，着眼于数据安全与隐私权保护③，是在数据要素层面展开对私权的法治保障。

_____

① 一般认为，数据驱动是以机器学习技术驱动的，其方法论上和统计学的方法有相似之处，对机器学习流程的简单介绍及其和统计学的比较，可参见唐亘：《精通数据科学：从线性回归到深度学习》，人民邮电出版社2018年版，第66—73页。当前"万物可计算"的发展前沿在于深度学习技术，被认为是受生物大脑所启发而设计出来的，当然现代术语"深度学习"超越了目前机器学习模型的神经科学观点，诉诸于学习多层次组合这一更普遍的原理，可以认为深度学习是对机器学习的技术升级。对算法发展的简单回顾，可参见[美]伊恩·古德费洛、[加]约书亚·本吉奥、亚伦·库维尔：《深度学习》，赵申剑、黎彧君、符天凡等译，人民邮电出版社2017年版，第8—9页。
② 张建锋：《数字政府2.0 数据智能助力治理现代化》，中信出版社2019年版，第42页。
③ 劳东燕：《个人信息法律保护体系的基本目标与归责机制》，载《政法论坛》2021年第6期。

"数字技术"这一概念不仅能够代表当下主流技术，还给未来新兴技术发展预留了空间。随着数字化、智能化的进一步发展，未来社会正高速趋向更多资源以更快的速度接入网络、更多机器在更多场景中实现落地，但均未脱离万物可测量、万物可连接、万物可计算的"数字技术"的基本内涵。而我们常用的数据技术、人工智能技术、计算方法等都没有数字技术那么宽的涵盖度。

2. 法学理论有何创新空间

数字法学落脚于法学，所谓知识的深度融合，检验的标准即在于法学能够从跨学科的知识融合中得到什么，实现怎样的理论创新。简言之，需要回答法学为什么要和数字技术深度结合。

首先，应当看到以大数据、人工智能为代表的数字技术所催生的紧迫问题。从底层的个人数据隐私泄露，到中间的网络平台不正当竞争所导致的消费者权益侵害，再到终端的各类智能产品应用所引发的社会失序风险，这一系列的挑战皆是数字技术催生的新社会问题，其引起的秩序挑战理应得到法律体系及时、合理地回应。当新的社会问题尚未超出法律治理的射程范围，应当通过法官对个案的妥当处理、司法产生的指导性案例、国家出台的司法解释等予以化解，这就为以法教义学为基础的法学理论研究提供了第一个时代课题。

其次，还应当看到数字技术的划时代意义。回顾人类文明的历程，我们已经走过农业文明和工业文明两个大时代，即将步入与前两者并列的数字时代。法治体系被要求与同时代的社会形态相匹配，新的社会形态将产生新的权利类型、新的法律关系以及新的权利侵害方式。革命性的技术将产生人类文明的新跨越，当新的社会形态下所产生的社会问题超越了现行法律体系的调整范围，新的规范体系将受到呼唤，这是立法论维度法学理论研究所面对的第二个时代课题。

再次，法治实践的方式具有提升效能的需求。和其他职业相比，跟法律有关的工作方式在过去很长时期内都没有发生剧烈的变化。然而，法律职业也许不再能够一直墨守旧例，全流程线上审判、异步时空审理等新模式正在探索中并已初见成效，法律人的工作方式已经悄然发生变化。未来司法案件的数字化、机器的智能辅助等方面还将进一步向纵深发展。显然，在改变法律活动方式方面，实践探索走在了理论之前，这就要求作为实践指导的法学理论有必要及时跟进第三个时代课题。

最后，法治体系作为国家治理体系的重要组成部分，应依托数字技术发挥更大作用。数字技术赋能法治体系，为国家治理体系治理能力现代化贡献了新的内容和机遇。一是可将案件视为感知社会的最小单元，类似于物联网中传感器对数据的动态收集，数字技术有能力将由案件展开的社会动态因素转变为社会治理可参考的数据，通过对该数据的收集、分析和预测，实现对社会运转的监测与干预。二是应当重视社会数字化、智能化所引发的社会失序、私权侵犯等重大隐患，利用法学所擅长的权利义务界定、法律关系分析，实现个案定纷止争、社会综合治理。这是法治理论在国家治理层面有可能突破的第四个时代课题。

（二）跨文理学科主体的会聚整合

1. 数字 + 法学：吸引技术背景学者积极参与

数字法学多以法学院系为主发起建设，但仅凭法学单一背景学者是不够的，有必要吸引技术背景人才，甚至是跨学科专家的深度参与。数字法学的快速发展，需要借力于跨学科学者参与的积极性，但如何协调跨专业间合作，如何融通彼此专业思维差异等仍是难题。以浙江大学数字法治研究院的跨学科背景人员整合实践为例，做如下初步探索。

　　首先是理解技术背景学者展开工作的思路。当前主流的数字技术为大数据、深度学习等，相关技术学者在医疗、金融、教育等领域已有众多研究经验与落地成果，通用化人工智能等技术的普遍使用，无疑缓解了法律人日常繁重的工作量[1]，但法律领域仍亟须技术专家"定制"专门化的技术产出。[2] 根据研究团队跨学科的实践经验，可大致将数字技术研究者开展工作的过程概括为三个阶段。阶段一，界定法律场景中某个具体的任务，这一阶段并不是寻求法律的定性，而是将适用法律领域的某一任务用计算机的技术话语表述出来。阶段二，根据既有的数据条件，首先采取通用化算法尝试，以便从中对比和发现问题。阶段三，依据所采通用算法的性能，并结合所定义场景的特点，改造模型结构以提高模型的性能、实现专门化改造。当前，在法律人工智能领域中优化模型性能的方法多为使用领域知识进行模型改造，如在量刑预测中利用罪名和量刑的依赖关系，用罪名预测结果以提升量刑预测器的性能。[3] 此为一套围绕模型优化展开的基本工作流，目标是解决法律场景的具体业务需求，衡量创新性的重要指标包括模型准确率、响应时间等性能指标。在数字法学跨文理学科人员的全面整合中，至少需初步了解上述计算机背景学者工作的流程、追求的目标，才能够深

---

[1]　Tara McKeown & Magizov Rustem, AI in Law Practices, in 13th International Conference on Developments in eSystems Engineering, 27, 2020，p.27.

[2]　左卫民：《从通用化走向专门化:反思中国司法人工智能的运用》，载《法学论坛》2020年第2期。

[3]　Haoxi Zhong et al., Legal Judgment Prediction via Topological Learning, in Proceedings of the 2018 Conference on Empirical Methods in Natural Language Processing 2018,pp.3540−3549.

入理解学科间思维的异与同，在求同存异中寻求跨学科合作的契合所在。

其次是认识法学背景学者参与合作的优势。基于前述工作流，法学研究者的参与至少能够为模型设计工作提供三点支持与便利。其一，界定真实的法律场景需求。模型设计的起点如未能准确定义业务的需要，则工作的效能和创新将大打折扣。相对而言，法律人长期浸润在法学理论与法律实践中，对把握司法、执法工作痛点与难点存在天然优势。其二，提供数据和标注支持。技术人员虽然本就擅长算法优化，但对于从具体的法律场景中提取哪些数据、如何甄别与实现人工的一定数量标注等事务，显然需要法学学者提供底层数据获取的支持，借助法律知识实现标签体系构造的协助，具体的方式包括但不限于投入一定数量的法律人士进行标注等。其三，借助业务知识实现模型性能优化。衡量技术工作优劣的重要指标，如前所述是模型的各方面性能，在人工智能涉足法律场景之初通用算法即可满足创新性的要求，但如今需进一步提升模型性能，则要注意贯彻"数据驱动＋知识融合"的思路[①]，通过知识驱动实现模型更佳契合真实的业务操作流程。

再次是发挥技术专家与法学学者跨学科合作的效能最大化。技术背景学者的参与，对数字法学的研究贡献显然是重大的，包括但不限于（1）提供不一样的数字思维。如前所述，万物可测量、万物可连接、万物可计算是数字化思维的基本内涵，毋庸讳言此为传统法律人较为陌生的思想。吸引技术背景学者的积极参与，有望为法学教育和法律研究带来新的视角与

---

① Leilei Gan et al., Judgment Prediction via Injecting Legal Knowledge into Neural Networks, in 35 Proceedings of AAAI Conference on Artificial Intelligence,2021,pp.12866−12874.

方法。①（2）便于准确把握数字技术的基本原理。即便进行的是偏传统的规范研究，数字技术也能成为数字法学研究的起点之一，以便为法律规范的重构与解释提供有力支撑。（3）为服务法律实践提供新的工具。法学研究以问题为导向，尤其关注实践中长期存在的痛点与顽疾。同样，数字技术也非坐而论道，数字技术赋能法学研究提供了将法律业务难点转化为模型输出的解决问题新思路，进而提升了数字法学赋能社会治理的综合能力。

2. 法学＋数字：发挥法学背景学者主体作用

数字法学的学术共同体，短期来看仍以法学学者占多数，因而不仅应当对外吸引更多技术背景学者，还应当对内激发更多的法学专业人才投入其中。与以往发展科技法学、卫生法学等新兴法学领域所面临的社会形态变化不同，数字法学正处于根本性的社会形态变革之中，法学知识有可能获得全面、彻底的而不是局部、浅层的更新。正因此，法学学科体系内部应做好充足准备以期应对数字化、智能化等重大变革的冲击。与此同时，数字法学终究落脚于法学，法学院系才是承担数字法学建设的最终责任主体。经由知识的深度融合、人员的全面整合所产出的创新理论与实践成果落脚于法律问题的解决，因此法律人应当在数字法学研究中发挥主体作用。

数字法学作为具备学科交叉性质的平台，应当为参与其中的法学研究者提供支持。就研究团队目前的实践摸索情况看，数字法学作为学术平台能够提供的首先是多元化经费支持。通过整合跨文理学科人员的团队申报自然科学项目，能够为参与的学者提供较传统文科项目更加坚实的经费支持。同时，以数字法学学术平台为起点，法学研究者基于中国数字法治实

---

① Jens Frankenreiter & Michael A. Livermore, "Computational Methods in Legal Analysis", Annual Review of Law and Social Science, 16, 2020, pp.39－57.

践的成果已经在域外期刊发表并引起了国际学术界的关注，实现了有关数字法学研究的国际交流与互动，还可能为国际法治体系提供中国话语与中国方案。数字法学的研究成果还可转化为可测试、可使用甚至可推广的软件及其系统，切实有效地回应法治实践需求。也正因此，我们欣喜地看到已经有越来越多的法学学者参与到数字法学相关的研究和实践中来。

当然，真正实现跨文理学科主体间的会聚整合绝非易事。重点需要考虑以下三个方面：一是由谁发起合作邀请，或者哪一方应当更加主动。我们认为应当由法学研究者积极、主动承担对接任务。实践证明，数字技术虽然具有相当程度的通用性，但是其在法律领域的应用却不如在金融、医疗、交通等其他领域那么顺畅。至少在技术层面，如大数据挖掘技术面临法律数据标注困难，算法透明难以实现，人工智能在建模证据推理、法律解释模型中遭遇社会知识概括与价值选择困难等。[①] 以上难点多汇集于法律语言的模糊性、多义性与复杂性，法律人应当先向前迈一步，主动帮助实现与数字技术专家间的互通互信。二是以何种形式建立跨学科研究团队。当前国内各高校大多以课题、项目为抓手吸纳跨学科人员推进交叉学科研究，尚未将类似数字法学的交叉平台构建成实体组织，相比于一起办公，更有效的做法是一起做事，以问题为中心组织与协调研究团队。三是及时调整、适应学科间差异的科研评价制度。根据我们调研，法学学科与计算机学科各自存在一套截然不同的科研评价体系。以科研发表为例，法学学科强调中文法学专业类的期刊，而计算机学科的高质量成果主要收录于英

---

① 相关研究可参见魏斌：《智慧司法的法理反思与应对》，载《政治与法律》2021年第8期；丁晓东：《论算法的法律规制》，载《中国社会科学》2020年第12期；张保生：《人工智能法律系统:两个难题和一个悖论》，载《上海师范大学学报(哲学社会科学版)》2018年第6期；左卫民：《AI法官的时代会到来吗》，载《政法论坛》2021年第5期。

文计算机专业类的高水平会议论文集。如果无法及时调整、适应或者认同学科间的科研评价体系，则可能对交叉研究的长期良性循环产生较大阻碍。这些评价体系差异所导致的合作成果难以互认的现象，将是今后配套制度改革的方向之一。

三、数字法学的主要范畴

（一）数字技术对象论：数字技术作为规范的对象

1. 对象论的三个层次

第一，要素层。算法、算力与数据构成了驱动数字时代发展的三大基本要素，被称作"智能三螺旋"。[1] 数字法学面向以上对象可分别开展研究：（1）针对"算法"，研究关注算法黑箱、算法歧视和算法权力等问题，并试图应对算法对个体的隐私、自由与平等保护的潜在挑战。[2]（2）针对"数据"，研究聚焦于为数据的采集、加工、共享与交易等行为主体设定不同的权利[3]，既可规范与保护个人民事权利，又可保障数据的安全有效流通[4]。（3）针对"算力"的研究相对较少，不过基于当前分布式云计算日益普及的背景，正有大量值得关注的问题陆续出现。

第二，平台层。作为收集、处理和应用以上各要素的主体，平台是集信息汇集、要素生产、资源配置、规则制定为一体的新型中枢。典型的数

---

① 张建锋：《数字政府2.0 数据智能助力治理现代化》，中信出版社2019年版，第11—12页。

② 丁晓东：《论算法的法律规制》，载《中国社会科学》2020年第12期。

③ 申卫星：《论数据用益权》，载《中国社会科学》2020年第11期。

④ 程啸：《论大数据时代的个人数据权利》，载《中国社会科学》2018年第3期。

字平台、互联网平台或网络平台，既涉及互联网企业等私权利主体，也涉及政府部门等公权力机关。目前对平台展开的研究可分为两类，一类是关于平台一般性质的研究，或称为通用基础理论型研究，如引入公共性适度干预平台私权力行使的规范思路，结合公用事业管制与反垄断法对平台进行管制的监管思路，转型传统数字平台监管方式的创新思路等①，归根结底在于平衡平台的私利性和公共性这对矛盾。另一类是针对某一专门平台的研究，如对电子商务平台的经营者安保责任的界定，搜索引擎平台构成滥用市场支配地位的条件，网络借贷平台的监管方式等②，面向更加具体的问题提出针对性解决方案。

平台代表的是数字时代商业模式的根本性变革，传统的商业模式为一步一步创造传递价值的"管道"式，新型的商业模式则是连接外部供应商和顾客、创造价值互动的"平台"式。③不只是作为新兴要素组织者的互联网企业，传统商业巨头也正在向平台化发展，比如家电业的海尔、零售业的沃尔玛等。数字法学的平台研究动力正是建构于传统商业模式下的法律体系面临失灵危机，相关研究还关注到了平台背后是政府与市场关于权力的重构，以及在个体私权和产业发展、公平和效率等多方之间的博弈和取舍。

第三，产出层。数字技术最终在实践中的落脚点，是直接服务于用户的产品。从市场来看已有一些落地可用的智能产品引起了数字法学研究的

---

① 相关研究可参见刘权：《网络平台的公共性及其实现》，载《法学研究》2020年第2期；高薇：《平台监管的新公用事业理论》，载《法学研究》2021年第3期；孙晋：《数字平台的反垄断监管》，载《中国社会科学》2021年第5期。

② 相关研究可参见王道发：《电子商务平台经营者安保责任研究》，载《中国法学》2019年第6期；于馨淼：《搜索引擎与滥用市场支配地位》，载《中国法学》2012年第3期；冯辉：《网络借贷平台法律监管研究》，载《中国法学》2017年第6期。

③ 商业模式的这种转变，可参见[美]杰奥夫雷·G.帕克、马歇尔·W.范·埃尔斯泰恩、桑基特·保罗·邱达利：《平台革命》，志鹏译，机械工业出版社2022年版，第73、289页。

关注。一类研究关注单纯的线上服务，如智能投资顾问系统的责任承担主体问题①、数字货币的法律属性确定问题等②。另一类研究则关注软硬件相结合的产品，该类产品以有体物形态出现，其内核由智能技术驱动，典型的代表是自动驾驶汽车，研究围绕其是否应该赋予法律人格，并且对自己的致损事故自负责任等展开了一系列讨论。③数字产品作为新生事物，给既有法律秩序带来不同程度的挑战，导致侵权等一系列法律责任。产品层的数字法学研究的共性在于关注谁是责任的承担主体、承担什么样的责任等问题，数字产品一旦面世便难以回避这些问题，亟待法学家基于对数字技术基本原理的理解而予以正面回应。

要素、平台和产出构成了数字时代从抽象到具体的不同层次，数字法学研究已然都有所涉猎。不仅如此，数字法学还就一些抽象性的基础理论问题展开了争鸣，如数字时代是否构成"第四代人权"已有较高水准的学术对话。④这些现象均已经表明，数字法学在对象论方面，既有细微处入手的作品亦有宏大叙事的成果，该领域兴起的时间虽不长但已经初具规模。

2. 主要研究贡献

数字法学在对象论层面的研究，新的理论贡献源于研究者及时捕捉到了社会数字化、智能化巨大变革下所产生的新问题，予以总结、解决并积极回应数字时代如何保持良好的社会法律秩序这一基本命题。就此来看，数字法学具有立法动态、司法案例、市场变化等发起研究的动力源，数字

① 高丝敏：《智能投资顾问模式中的主体识别和义务设定》，载《法学研究》2018年第5期。
② 杨延超：《论数字货币的法律属性》，载《中国社会科学》2020年第1期。
③ 冯珏：《自动驾驶汽车致损的民事侵权责任》，载《中国法学》2018年第6期。
④ 相关研究可参见马长山：《智慧社会背景下的"第四代人权"及其保障》，载《中国法学》2019年第5期；刘志强：《论"数字人权"不构成第四代人权》，载《法学研究》2021年第1期。

新事物的法律定性、规制思路、新权利设置等都可能是此类研究所产生的主要贡献。探究对象论兴起的原因，有助于总结数字法学对象论研究的主要贡献。归纳既有的对象论研究的成果，主要有以下四点原因导致上述议题成为研究热点。

其一，新的数字立法出台。其中，存在争议或尚且抽象之处需通过解释才能适用的情形可引起对象论研究的兴趣。相关成果中，如关于网络借贷平台研究的背景是《关于促进互联网金融健康发展的指导意见》《网络借贷信息中介机构业务活动管理暂行办法》等一系列监管新规的出台，贡献在于对监管新规的绩效和外部性予以科学评判和针对性完善[①]；又如关于电子商务平台的研究背景则是彼时《电子商务法》的新出台以及针对该法第三十八条第二款所规定的平台经营者相关责任的不明晰，力求对该法律具体适用问题的厘清[②]。上述成果代表了数字立法出台为驱动的研究，主要贡献在于解释、评价和完善相关规范。

其二，数字特征的司法案件。当下对象论研究大多建立在既有司法案例基础之上，并遵循法学研究传统中熟悉且擅长的分析路径。在数字法学研究中，新兴领域跻身司法视野本就能激发研究者的兴趣，具备相关数字特征的司法案例成为法学学者切入该新兴领域的窗口。如杭州互联网法院判决的挖矿机一案[③]就是数字货币领域直接相关的案件，多数相关研究成果即在该案件前后出现；又如京港澳高速公路特斯拉车辆追尾事故索赔案，

[①]　冯辉：《网络借贷平台法律监管研究》，载《中国法学》2017年第6期。

[②]　王道发：《电子商务平台经营者安保责任研究》，载《中国法学》2019年第6期。

[③]　在陈国贵诉浙江亿邦通信科技有限公司网络购物合同纠纷案中，司法观点认为，比特币作为代币的一种，虽不具有货币属性，但其具有商品属性，可以作为商品被依法使用货币购买，我国法律、行政法规并未禁止比特币以及比特币"挖矿机"买卖。参见《杭州互联网法院宣判首例比特币"挖矿机"纠纷案》，《人民法院报》2018年10月11日第3版。

此后自动驾驶的责任主体问题受到了更多的学术关注。

其三，数字产品的新问世。这种情形在产品层比较典型，谨慎的学者一般不会虚设一个对象做过于超前的研究，而往往会对已具实际形态，但仍处于不断成熟中的数字产品展开研究。典型如数字货币，国内外早已有比特币、"挖矿机"等相关实体或虚拟物的存在，这便需要研究其法律属性到底是商品、数据、证券、货币或者其他。又如无人驾驶、智能投顾等也是类似情况，均在不同智能程度的产品落地后，由于出现法律地位不明确、责任划分不清晰的问题，相关领域出现了不少的研究成果。

其四，数字实践活动的新动态。此种情形作为兜底，具体指在未有新的立法或司法案例情况下，在政策、舆论等方面就数字领域的某一具体问题有了新变化的情形，该变化有可能引发研究的新热点。比如针对搜索引擎是否构成滥用市场支配地位的学术成果，其背景则是互动百科针对百度提交的反垄断申请书，当当网宣布停止百度广告和搜索引擎投放等一系列事件。[1] 近两年网络平台的反垄断问题成为研究热点，相关研究成果基本都会涉及国内外几宗大型互联网企业大额罚单事件。此类事件驱动型的研究，其动力源来自政府监管经济政策风向的影响，以及法律制度对处理社会经济新状况的相对滞后。比如在数字平台反垄断研究中，很多争议问题都难以在现行反垄断规则中找到明确答案[2]，这便是发起研究的动力所在。

归结起来，对象论的研究贡献集中于以下方面：首先是新制度的法益，比如个人信息研究中提出要兼顾保护个人信息权益与促进个人信息合理利

---

① 于馨淼：《搜索引擎与滥用市场支配地位》，载《中国法学》2012年第3期。

② 孙晋：《数字平台的反垄断监管》，载《中国社会科学》2021年第5期。

用的双重目标[①]，在平台监管中提出的竞争、创新以及经济发展与人的社会生活基本价值之间的矛盾等，此种内在价值张力的揭示，正是数字法学所力图为制度设计者做出的贡献；其次是提供法律定性的基础学说，如数字货币的法律属性研究，被定性为不同法律属性的财产在基础法律制度中会存在极大差异；再次是提出新的权利类型方案，比如为解决处于公开状态但没有独创性的大数据集合的权利问题而提出的大数据有限排他权[②]即为典型一例，其他数据用益权等权利方案均可归入此类；最后还有提出行业规制的具体思路，与前一种私权视角对应，这是一种政府监管的视角。比如针对网约车行业，相关研究提出了"混合规制"的规制原则。[③]

（二）数字技术工具论：数字技术作为法治的工具

2021年1月10日，中共中央印发《法治中国建设规划（2020—2025年）》提出"充分运用大数据、云计算、人工智能等现代科技手段，全面建设'智慧法治'，推进法治中国建设的数据化、网络化、智能化"。"智慧法治"是现代信息科学技术与法治建设深度融合的产物，也是国家治理进入数字时代的必然结果，开拓出科技赋能的法治路径。

1. 工具论的两类场景

将数字技术作为法治的工具，是在法律人有关的实践活动中使用数字技术作为工具以提高工作效率、提升工作质量。从既有的探索经验看，可分为学术研究和法律适用两类。

在学术研究中，主要是引入以大数据、机器学习为代表的最新技术，

---

① 万方：《个人信息处理中的"同意"与"同意撤回"》，载《中国法学》2021年第1期。
② 崔国斌：《大数据有限排他权的基础理论》，载《法学研究》2019年第5期。
③ 唐清利：《"专车"类共享经济的规制路径》，载《中国法学》2015年第4期。

改造升级现有定量法律实证研究。在学术活动层面的探索又可分为两类作品，一类是方法论性质的，近年来国内已有一定数量的成果集中讨论了最新数字技术给法学研究的方法层面带来的新机遇。另一类是实践性质的，即真正运用数字技术进行了具体议题的研究，如采用 303 万份裁判文书大数据和自然语义挖掘技术所进行的《刑事诉讼法》实施效果研究[①]；使用机器学习技术对近 20 年的 2.5 万份法学论文所做的读者受众分类[②]，引入长短期记忆网络（LSTM）对 14058 条新浪微博相关评论文本进行情感分类[③]均为目前所做的新方法尝试。若适当扩大视野，则会发现社会科学整体朝着计算化、数字化方向迈进的步伐正在加速[④]，国内政治学、社会学等学科的研究热情颇高[⑤]。数字法学在该维度的进展，有助于更契合社会科学的研究范式。

在法律适用中，利用数字技术提升效能的各类模型和系统，是最近几年国内数字法学的重要成果。根据开发阶段的不同，我们将其细分为两个子类。一是基础算法开发环节，该阶段主要由计算机学科的科研团队来完成。从法律人工智能的技术视角来看，一般将任务三分为要素提取、分类

---

① 王禄生：《论刑事诉讼的象征性立法及其后果》，载《清华法学》2018年第6期。

② 周翔、刘东亮：《法学研究目标受众选择的大数据分析》，载《法学研究》2020年第1期。

③ 朱笑延：《舆论与刑法的偏差式互动:刑事责任年龄个别下调的中国叙事》，载《法学家》2022年第1期。

④ 一般认为这一潮流是从一篇发表于顶级期刊 *Science* 的论文开始的，该文由15名来自社会科学、计算机科学和物理学的重要科学家联名，它预见性地指出了社会科学迈向自然科学数理化的趋势。See David Lazer et al., "Computational Social Science", Science, 323, 2009, pp.721–723.

⑤ 社会科学其他学科，从学术方法论角度，大概兴起于近10年间，可参见范如国：《公共管理研究基于大数据与社会计算的方法论革命》，载《中国社会科学》2018年第9期；罗玮、罗教讲：《新计算社会学:大数据时代的社会学研究》，载《社会学研究》2015年第3期。

和检索[1]，将方法两分为嵌入式和符号式[2]。研究者要将法律适用场景中的业务需求，转化为算法开发的任务类型，比如量刑预测归于分类的任务。目前算法研究比较成熟的是罪名、法条的基本预测，新近开始关注"本院认为段"的自动生成、当事人争议焦点的自动归纳等新的任务场景。二是系统开发环节，该阶段主要由技术厂商和法律实践部门合作完成，旨在向用户交付一个可用的操作系统。根据我们过去的类型化方法，可以将已有执法、司法场景中的数字工具根据效率、公平价值二分，以及个案式、多案式技术原理二分构成四个子类型，当前主要以追求提升单案件效率为目标的数字工具为主。

2. 主要贡献

在工具论层面，数字法学所做的贡献是双向的，既对法学理论创新提供了新的思路，还对智慧法治实践提供了新的服务。我们试图挖掘工具论之所以兴起背后的成因，以期能更深刻地理解工具论能有所贡献的未来潜力。

其一，归结于法律数据公开进程的加速。裁判文书的公开，可视为在工具论层面研究得以开展的标志性事件。数据可被公开获取，对于法学学术和算法开发都具有重要意义。法律定量研究传统依赖于问卷、访谈等方式，研究的投入成本过高，令不少人望而却步。裁判文书被公开后，以该类数据为基础的学术成果较以往明显增多，而且此类数据已成为被使用最

---

[1]　Ilias Chalkidis & Dimitrios Kampas, "Deep Learning in Law: Early Adaptation and Legal Word Embeddings Trained on Large Corpora", Artificial Intelligence and Law, 27, 2019,pp. 171–198.

[2]　Haoxi Zhong et al., How does NLP Benefit Legal System: A Summary of Legal Artificial Intelligence, in Proceedings of the 58th Annual Meeting of the Association for Computational Linguistics, 2020, pp.5218–5230.

多的语料。算法开发更是离不开训练和测试数据的支持，但凡数字化的进程较为发达的医疗、金融、交通等领域，皆为数据质量较高且易得的行业。在数据层面，数字法学所做出的贡献在于实现法律语料的结构化处理，使其真正转化为有价值的要素资源。

其二，学术队伍对研究范式更为包容和多元。从国内法学学术史来看，较早研究的范式是比较法式的，以引荐两大法系的制度以及理论为主，后来逐渐强调针对解决中国司法问题的法教义学研究，同时兴起了法律实证研究等偏社会科学研究范式的方法论，当前形成了以规范研究为主、多种研究方法并存的学术格局。数字技术作为学术工具被引入，并不改变其量化研究的基本范式，而正是因为有了前期跨学科方法讨论所作的铺垫，才使得从数据中挖掘规律、经验式的研究能够得到一部分人的接受。而数字法学最新引入大数据、机器学习等方法，所做出的贡献主要是丰富既有的以统计学算法为主的工具箱。

其三，以"案多人少"为典型的实践矛盾加剧，数字技术继而成为新的破题工具。法律公共服务市场的供求不平衡是长期存在的问题，通过增加办案力量等扩大司法供给能力的方式，依旧抵不过立案注册制改革等司法需求的增长。自智慧法院概念提出以来，办案压力相对较大的法院系统率先尝试利用数字技术改良办案流程，并在技术升级和司法效率之间实现了正向循环。总体而言，实务部门需求明确，以该需求为导向，相关项目的研究不仅在成果检验上存在明确标准，而且在理论研究与实践探索上都可有的放矢。

其四，财政经费的投入，吸引到多方力量的持续关注和研究兴趣。近年来，通过最高人民法院、最高人民检察院、司法部会同科技部的专项重点研发项目的资金投入量，可以看出国家对数字法治领域的支持可谓不遗余力。一方面吸引了计算机科学的研发团队在法治领域的持续投入；另一方面吸引了市场力量的社会参与，激发了市场主体的参与热情。通过研发项目将法学研究团队、计算机科学研发团队与科技企业有机联合，有效整合了多个学科、多种身份的主体力量。

以上几个方面是数字法学在工具论层面有所成效的原因，从学术研究的范式角度赋予了法学更多社会科学研究范式的色彩，而从法律实践的角度则新添多种有效提升能力的辅助工具。同时值得警醒，过去发展的动力也可能成为制约进一步发展的瓶颈，比如法律有关数据开放的程度还远远不够、法学内部能否解决好方法间的兼容问题、提升司法效率后的新目标是什么、财政经费能否持续稳定的投入等，都将可能成为工具论层面未来发展的瓶颈。

四、数字法学的重要方法

数字法学的研究方法和基本范畴，处于各有分工又密切相关的状态。基本范畴回答数字法学的研究议题有哪些、为什么对这些议题感兴趣以及就这些议题能够做出哪些贡献等问题，而研究方法则侧重回答如何研究这些议题，有哪些方法上、结构上的特色与传统路径的法学研究相区别。

（一）围绕"规范"展开的数字法学

1. 议题设置的方式

规范研究路径所具有的共性，首先体现于"问题的提出"方式上。面向数字时代的到来，法学研究者普遍存在某种危机意识。在论述网约车问题时，有学者指出"网约车的合法化进程，绝不仅仅是一个对新生事物的简单制度回应，而是展现了当下信息技术革命对法律规制模式的挑战与突破"，并预言道"这种挑战和突破的速度会更快、数量会更多、可复制性和连锁性会更强，甚至还会出现叠加效应，因此，法律规制所面临的变革压力也就会更大"。① 总体上，围绕"规范"的方法，与前数字时代研究设置议题的方式基本相近，都是以法律如何实现规制、如何变革压力为出发点来提出问题、设计方案。

正是此种变革的压力催生出了规范研究的动力，大量研究正是从数字智能不同应用的视角发现了此种张力，并合理地设置了规范研究所能处理的议题。一是传统规范被架空的问题，有论者在智能投顾问题中提出"主要以金融从业者为规制对象的传统法律体系实际上被架空"②，以此为基础得以提出新的规制立法思路。再比如互联网平台的反垄断问题，学者认为之所以在诸多问题上挑战传统，是因为其与既有的反垄断规则遵循以"市场"为分析基础的起点乃至底层逻辑不同。③ 二是新的法律规定如何正确理解的问题，当前一些领域已出台针对数字化新事物的法律规范，规范研究者需要对其中一些模糊条款予以明晰，如对个人信息保护的研究，已被设置的问题有"法律在保护个人信息的时候，究竟在保护什么"④ 等，这有助于明确《个人信息保护法》的规范目的。再比如关于电子商务平台经营者责任的

---

① 马长山：《智慧社会建设中的"众创"式制度变革》，载《中国社会科学》2019年第4期。
② 高丝敏：《智能投资顾问模式中的主体识别和义务设定》，载《法学研究》2018年第5期。
③ 张晨颖：《公共性视角下的互联网平台反垄断规制》，载《法学研究》2021年第4期。
④ 陆青：《数字时代的身份构建及其法律保障》，载《法学研究》2021年第5期。

研究，被设置的问题主要是如何理解《电子商务法》第三十八条第二款等①，有助于对该法核心条文的正确适用。

2. 以数字技术为起点

在恰当地提出一个规范研究能够回答的问题后，数字法学真正展开研究，并且往往将议题相关数字技术原理的剖析作为起点。研究者将介绍包括但不限于（1）产品的技术步骤。如有论者在对自动驾驶的研究中，提炼了自动驾驶汽车所遵循的"感知—思考—行动"机器范式②，以智能机器人的五项特征作为后续是否存在法律人格的评价基础。（2）技术特点。如有学者将作为数字货币技术的区块链，归纳出具有去中心化、可编程性、以密码学为原理实现安全验证等特征③，技术的可靠性直接决定了应当赋予其何种法律的属性。（3）产品的开发流程。如在研究智能投顾系统时，有学者较好地梳理出金融人员和技术人员，开发机构和运营机构在智能投顾系统开发中的分工，将该信息流的可视化成果作为后续主体识别和义务分配的前置基础。④

以数字技术为起点是数字法学明显区别于传统法学研究方法的特殊所在，即数字法学作为一个新兴交叉研究领域，其基于法学视角看待数字技术，其中包含两个层面，一是看到数字技术的革新变化，这就要求即使采取的是规范研究传统路径，也必须具有技术思维，需要首先了解所研究议题基本的技术原理。二是关注数字技术引发的秩序挑战，即是否必须调整现有秩序，既有的制度框架能否包容新生事物，抑或必须大幅度调整现行

---

① 王道发：《电子商务平台经营者安保责任研究》，载《中国法学》2019年第6期。
② 冯珏：《自动驾驶汽车致损的民事侵权责任》，载《中国法学》2018年第6期。
③ 杨延超：《论数字货币的法律属性》，载《中国社会科学》2020年第1期。
④ 高丝敏：《智能投资顾问模式中的主体识别和义务设定》，载《法学研究》2018年第5期。

制度框架以解决新的社会问题。

3. 以法学规范分析为核心

围绕"规范"的研究方法，在主体部分就某一数字领域所发生的事件、新生事物予以制度层面分析。从既有的展开思路看，研究者一般接续对数字领域事物的技术特征描述，分别论证（1）是否构成某一法律的概念，如就个人数据是否构成民事权利的客体，近年成为研究的热点，有研究者主张数据具有客体属性、独立性与确定性，应当以数据客体为核心对数据权利属性进行研究[1]，以私权制度对其进行规范与保护[2]。（2）在既有的制度框架内对新生事物进行法律性质与责任的认定，如有学者在研究自动驾驶车辆造成事故时的归责问题时指出"本文旨在竭力反驳的一种甚嚣尘上的观点是，基于现有责任框架回应新的技术所存在的困难"[3]，这其实是一种尽可能维持既有法律体系稳定性的努力。（3）给予法律分析的基本框架，对于一些数字经济业态，由于参与主体众多、法律关系复杂，研究展开的方式主要是还原新业态的法律关系，比如有论者在研究专车类共享经济时作出的内外部、各自三方主体以及两两法律关系梳理。[4]

此类围绕"规范"的研究方法沿袭了法学研究的传统路径，也是最能体现法学研究者水准的地方。该部分难免存在研究者的价值判断，但是应当将价值选择的过程予以公开。一方面，数字领域往往面临技术创新、产业发展和私权保障、政策监管等多重诉求，难以避免在众多显见或潜在价值

---

① 李爱君：《数据权利属性与法律特征》，载《东方法学》2018年第3期。
② 程啸：《论大数据时代的个人数据权利》，载《中国社会科学》2018年第3期；申卫星：《论数据用益权》，载《中国社会科学》2020年第11期。
③ 冯珏：《自动驾驶汽车致损的民事侵权责任》，载《中国法学》2018年第6期。
④ 唐清利：《"专车"类共享经济的规制路径》，载《中国法学》2015年第4期。

之间做出重大抉择。另一方面，以制度规范回应问题的方式与结论，直接决定了分析之后的对策论方向，关键在于抉择能否在既有法律制度框架内化解某一数字活动带来的失序风险。

4. 落脚到解释或重构

规范研究至此，已到最后提出方案、对策的阶段。数字法学既然围绕规范作业，无外乎两类研究成果。第一类是解释论，往往针对数字领域有新立法出台时，以及传统制度规范足以回应数字技术变革时使用该方法，比如前述针对《个人信息保护法》的研究，文中明确提及采用的是解释论的方法，再如前述针对《电子商务法》第三十八条第二款的研究，研究对象显然与法解释学高度相关。第二类则是立法论，这在数字法学领域更为常见，原因集中于相关研究者认为"与既有的反垄断规则遵循的以'市场'为分析基础的起点乃至底层逻辑不同"[①]"以金融从业者为规制对象的传统法律体系实际上被架空"[②] 等前提认知，因此给出了新的适应新制度的设计方案。除了以上两类区别比较清晰的类型，也有部分研究选择近期解释论、长远立法论的兼顾方式。

在数字法学领域开展规范研究，较多的研究采取立法论作为规范研究的落脚点是在所难免的。这包括以下三个方面的因素：一是信息技术客观上带来了剧烈的生活生产方式的变革，制度规范难免具有滞后性；二是法学研究在面对新生事物时本就习惯和擅长通过规范地重构实现"良法"；三是本研究所特别强调的"这次也许真的不一样"，本轮数字技术将社会带入数字智能时代，也许是和农业时代、工业时代比肩的新的人类文明时代。

---

① 张晨颖：《公共性视角下的互联网平台反垄断规制》，载《法学研究》2021年第4期。
② 高丝敏：《智能投资顾问模式中的主体识别和义务设定》，载《法学研究》2018年第5期。

如果以上预判得以成真，那么成型且服务于工业时代的现存法律体系将面临整体推倒重来的必要性。危机中往往孕育着希望，规范体系的根本性重构必然将诞生一大批立法论的优质成果。

（二）基于"数据"建模驱动的数字法学

1. 议题设置的方式

"数据"建模驱动的方法始于科研或工程，首先体现在问题解决思路的默认前提下。与规范解释者笃信现行框架足以化解变革中困境的思想相似，数据驱动论者认为只要能采集到相关场景的活动数据，运用数据建模的一系列技术，就可还原场景、提炼规律，进而对未知世界展开预测。正是因为遵循了以上的基本思路，不论是在科研中还是在法律实践场景里，数据驱动论者一定会基于数据的可获得性、所需要解决问题的可建模性角度而着力思考。在议题设置环节，一般应当把法律的某一业务问题，定义为所要构建的数据模型精确地输出。举个例子，假如司法业务场景需要辅助完成文书的基本内容撰写，开发者首先要定义这是一个文本生成的任务，继而开展后续分析建模等工作流程。

不论围绕规范的方法范式，还是数据驱动的方法范式，都有面向现实问题的学术品格，只不过解决问题的思路上有本质分歧，规范的方法寄希望于通过制度的再阐释抑或实现法秩序的稳固或再造，数据驱动的方法则笃信万事万物的规律都可透过数据窥见，因此议题设置中所展现的方法差异，背后是解决问题的基本信条之间的差异。

2. 以特征标注为起点

"数据"建模驱动的方法，在议题设置中合理定义模型的输出后，接着需要考虑所关心的输出和事物的哪些特征有相关性，以及如何获得这些相关特征的数据。通过解决这些问题，实际上是把一个相对困难的、无法直接解决的问题拆解并简化为一系列简单的问题，试图通过解决一系列简单的问题以求得复杂问题的解决思路。比如在法律实践工程中的量刑预测任务始终得不到高精确度，新近的研究通过对输入的信息做更精细的处理，区分出定罪事实和量刑事实，从而提升了预测器的性能。[①]通过这个例子，可以看到解读某一任务及其有关的信息类型，与获得这些信息的特征标签，是开始构建模型的起点。

数字法学作为一个跨学科的交叉平台，在数据驱动范式的第二个步骤中发挥至关重要的作用。因为一些在法律专家看来司空见惯的业务常识，如裁判者根据罪名、量刑情节确定最终刑期，量刑情节区分法定情节和酌定情节等，在被引入适用于标签的特征时都实现了实验效果的提升。此时法律专家应当指引算法专家，全面系统地还原某一输出任务真实的业务场景、法律的相关规定和要求，把一切和输出任务相关的特征要素完整地梳理出法律业务的图谱。

3. 以数据建模为核心

"数据"建模驱动的方法，在构建完输出和输入的特征体系后，需要以各类算法为"桥梁"构建起联系，这就是数据建模的核心步骤。通俗地理解

---

① Linan Yue et al., NeurJudge: A Circumstance—Aware Neural Framework for Legal Judgment Prediction, in Proceedings of the 44th International ACM SIGIR Conference on Research and Development in Information Retrieval,2021, pp.973-982.

本环节，其实是算法专家根据既有的数据情况、任务特点在算法库中选择最优解的过程。同时，算法专家有一系列基于统计学、数学的调优办法。根据输出任务的难易程度，这一步骤的解决效果差别很大，比如目前实验室环境下的罪名预测准确率已经达到95%以上，但是量刑预测的准确率不足70%，还无法投入实际运用。这个环节的难题，在于采用基础算法能够解决的只是部分任务，而这些任务还原、反映出的需求的真实程度却又不强。

数字法学在法律场景下开发模型，不能简单直接套用基础算法，而是应当采用当前提倡的"数据＋业务"双轮驱动的模式，通过还原业务的本来面貌来改造通用算法，以设计出反映真实业务场景的算法结构。多学科合作在此展现了互补性，和算法专家强调采用统计学、数学方法调优模型对比，法律专家则强调并擅长从业务场景还原，人是如何做出该决定的、考虑了哪些因素、经过了哪些步骤，而这些经验知识即为"业务驱动"一词之意。

4.落脚到规律和预测

"数据"建模驱动方法的成果，体现在输出对过去规律的总结和对未来可能的预测上，两者实际上是一体两面的内容，假如数据模型没有学习到历史经验也就不可能对未来有较好的预测。与此同时，两者在工具使用的场景、主体、功能等方面仍然有明显不同的侧重点，学术研究场景中以从事社会科学研究的学者更强调历史机制的解释方面，而实践应用场景下的使用者则更关心模型工具对未来某一预测的准确度。最终，两者可能走向统一，如今数字技术在法律、医疗等事关私权的场景中越发强调算法的可解释性。[①]

　　落脚于强调对历史规律的解释，还是对未来的精准预测，是由学科的发展基础、应用场景等综合因素所决定的。过去统计学中主流的算法数学公式相对都比较简单易懂，在被计算机学科的机器学习所继承后，为了提升预测的效果，数字技术朝向神经网络、深度学习方向发展。模型间多层结构、多个算法嵌套的结构不可避免使得对过程的解释变得愈加困难，这一领域模型的可解释性和准确性间是难以兼顾的交易关系（trade-off）。[②]因此有必要根据场景的需要予以一定的取舍，如在社会科学发现机制规律时选取那些过程简单、公式能理解的算法，而在讲求结果精确的领域或许只能适度牺牲过程的可解释性。

五、迈向数字法治

（一）面向数智未来的法学人才培养模式重构

　　数字法学的学科发展，最终将落脚到人才培养上，易言之，学科发展得好坏，应体现在法科生能否应对未来社会挑战的教育成效方面。在全球信息化和数字技术飞速发展的背景下，学科间的交叉融合显得越来越重要，在"新文科"建设的背景下数字法学人才培养可谓正当其时。[③]通过数字法

[①]　Tong Wang & Qihang Lin, "Hybrid Predictive Models: When an Interpretable Model Collaborates with a Black-box Model" Journal of Machine Learning Research, 22,2021, pp.1-38.

[②]　Cynthia Rudin, "Stop Explaining Black Box Machine Learning Models for High Stakes Decisions and Use Interpretable Models Instead", Nature Machine Intelligence, 1,2019,pp.206-215.

[③]　张雷生：《高校新文科建设：响鼓还需重锤敲》，载《中国社会科学报》2022年3月15日第8版。

学的发展促进"新文科"建设，为法治建设插上数字的翅膀，将数字技术纳入法治的轨道，亟须培养一批文理贯通的数字法学人才。因此，着眼未来，我们应着重思考如何重构一套适应数字智能时代变革的法学人才培养方案。

1. 基于"新文科"建设的培养目标重构

"新文科"是哲学社会科学与新一轮科技革命和产业变革交叉融合形成交叉学科。数字法学正是法学和数字技术交叉融合的新领域，数字法学所试图重构的法学人才培养模式，是在既有法学培养目标基础之上进行的调整，这便需要思考对既有培养目标的修正。培养目标主要回答了什么样的学科属性、学习什么知识、面向什么职业等几个主要问题。

第一个层面，法科生是文科生还是文理兼修。在教育部2020年最新版高等院校专业目录中，法学处于第三类[①]，位于经济学之后、教育学之前，一般认为属于文科。在组织隶属上，法学在高等院校的内部大类划分中一般属于"社会科学"范畴。以浙江大学为例，法学院属于社会科学学部，但是数字法学所依托的浙江大学数字法治研究院，是一个校级跨学科的研究型平台。数字法治研究院由法学院主导，同时邀请了一位计算机学院知名教授担任副院长，并有多名计算机学院老师实际参与。探讨数字法学人才的文理性，是在法律知识与技术素养之间追问数字法学的人才培养目标究竟是什么，是学好如何解释法条和分析案件，还是要兼习如何编程和处理数据？我们认为，数字法学的基本定位在于深度融合技术知识与法学知识、全面整合跨文理学科人员，那么培养的数字法学生应当在法科生的基础上，

---

① 参见《教育部关于公布2019年度普通高等学校本科专业备案和审批结果的通知》，载教育部网，http://www.moe.gov.cn/srcsite/A08/moe_1034/s4930/202003/t20200303_426853.html，2021年4月2日访问。

具备基本的数字思维，掌握基础的计算编程能力，能够进行大数据分析和算法调用。

第二个层面，法科生是面向实务打造还是侧重理论熏陶。法学内部曾长期存在关于法律是科学还是技能的争论，法学教育的发展历程同样在双重性的摇摆中推进。①强调学习法律的系统知识，与学习如何像律师等法律工作者一样思考，两者本不矛盾。当前存在的问题反而是如何取舍培养周期较长与培养对象的特定化。数字法学处于计算机科学和法学的交叉地带，前者是具有明显实践导向的工科学科，根据前述基本范畴，主要针对解决法治和工程实践的需要展开研究。故此，在有限资源下数字法学应当更加侧重于培养包括但不限于法学知识工程师、法律流程分析师等未来法律职业从业者。②

第三个层面，法科生是面向传统的法律职业还是成为面向未来的数字法治人才。一般情况下，有意发展数字法学的高校，其法学和计算机两个学科应同时具有高水平的学科起点。具有上述高水平学科基础的院校培养的学生本就属于社会的精英阶层。因此，数字法学的人才培养，绝不应当局限于为传统的法律实务部门输送人才的目标，而应当扩展至全社会、各行业的未来引领者。交叉培养的实质在于数字法学生同时具备法学学科、计算机学科两类迥异的思维体系。未来社会的法治化、数字化趋向下，融合这两套思维方法的法科生将大有可为。

---

① 王晨光：《法学教育的宗旨》，北京大学出版社2016年版，第17—22页。
② 正如第三点强调的，数字法学的人才培养不一定局限于和法律直接有关的领域，而应当拓展至公共服务、科技创业等社会各个方面。关于"数字＋法律"有关职业未来描述，可参见[英]理查德·萨斯坎德：《法律人的明天会怎样？》，何广越译，北京大学出版社2015年版，第129页。

2.创新培养模式的路径

培养模式的重构需要通过具体的路径设计来实现。传统法学教育模式已经有一套行之有效的范式，哪怕是微调也要考虑到其中的阻力和风险，因此本研究认为应当采取循序渐进的思路进行，应以哪些举措是在当前体制下是适度且有可行性的为立足点展开思考。

变革培养的学制和学位的可行性。近年来，随着就业市场对于人才层次要求的提高，研究生培养的规模和学生的深造意愿都在加强。此背景下，应积极探索打通本科和研究生教学体系，培养分别授以法学和工学学位的交叉复合型人才，同时面向法学和计算机本科两类专业学生，在大三学期末予以分流，进入研究生教学培养阶段。以浙江大学为例，正在探索"本研贯通卓越数字法治班"，以"3+3"模式培养数字法学研究生，并对后续的博士生学习保留通道。今后可以在招录的方式、授予的学位类型、培养的学制方面进一步摸索。

面向实务培养并设计融合数字技术的课程体系的可行性。数字法学应当立足法学的基本属性，在掌握法学规制数字技术的对象论理论外，兼以工具论视角对待数字技术。这将体现在课程体系的设计中，一方面要实际地充实计算机学科、数字技术方面课程，另一方面还要侧重于教授基础编程、数据分析、算法调试等侧重实操性方面的内容。交叉培养的数字法学生需要掌握两个学科的知识，在总课时资源极为有限的情况下如何分配课时、筛选最有价值的课程尚待深入研讨。

依托跨学科平台培养社会通用型精英人才的可行性。法科生能否真正发展为具有"数字＋法律"两种思维的社会精英，取决于法学教育是否为其提供适合成长的培养环境。为此，一个可行的做法是提供一个整合相关学院、学科交叉的平台。浙江大学的做法是打造一个校级的跨学科平台，法学院和计算机学院的师生在这一平台上通过国家重点研发项目、交叉学术研究等方面实现了人员间的深度互动，助推人才培养的会聚融合。

（二）数字法治：中国法治实践的探索与贡献

人类社会步入数字智能时代的趋势已然十分明朗，数字革命带来新的社会秩序挑战，法律体系和法治体系都面临再阐释甚至是重构。[①] 法治一直被认为是西方话语所主导，而中国的数字法治实践已然走在了全世界的前列，这是我们为世界法治发展和世界法学理论做出中国贡献的绝佳机会。

前文主要围绕数字法学作为一门新兴交叉学科的基础理论问题展开。要支撑一门学科涉及众多问题，需要广泛深入地研究。数字法学的研究显然还不成熟，但如果相关讨论能够为数字法治、数字社会、数字中国建设提供更多共识，便是有价值的学术探索。在这些共识之下，数字法学至少可通过以下两个直接方式加快推动数字智能社会的法治化进程：其一是充分运用数字技术的新发展，对数字产品已造成社会失序风险的领域，通过既有法律制度的阐释或者重构来实现数字智能时代的良法构建[②]；其二是融合法律人才和数字人才，探索开发法律场景下更多的算法模型，运用数字技术实现法律工作的程序性、标准化建构，通过流程再造来助推有限法律资源的合理配置。

最终来看，数字技术是为人服务的[③]，数字时代的良法善治便是迈向数字法治。数字法治是国家对法律制度发展的殷切期待，是推进建设数字中

---

① 李占国：《"全域数字法院"的构建与实现》，载《中外法学》2022年第1期。
② 周佑勇：《推进国家治理现代化的法治逻辑》，载《法商研究》2020年第4期。
③ 孙笑侠：《论司法信息化的人文"止境"》，载《法学评论》2021年第1期。

国的重要部署。构建数字法治系统理论和制度体系是从根本上实现整体智治、高效协同，探索构建高质量发展、高质量生活、高效能治理的现代化全景图的关键一役。

1. 数字法治是一种全新的法治模式

数字法治是有别于传统法治的一种全新的法治模式。以大数据、人工智能、区块链为代表的数字技术，对人类生活、人类行为模式已经产生了巨大的影响，也将重塑法治模式。传统法治是以工业社会为基础，主要解决生产资料的归属，以合同为信用纽带，考虑的是"社会一般人"的问题，实现的是一种现场化正义。相反，数字法治的核心是解决数据资源的共享使用而非归属，它以数字化信用为社会纽带，通过准确预测而实现个性化治理等，实现的是一种可视化正义。

数字法治将全面重构传统法治理念，中国也将第一次有机会为人类文明贡献新的法治模式。我国的传统法治模式基本是学习西方，但今天，中国数字社会发展程度已经跃居世界前列，城市大脑、互联网法院、非羁码等都是源于实践的创新，是为全球治理贡献的中国方案。全新的产业与治理模式，必将推动全新的法治模式。因此，数字法治的任务，不仅是推动传统法治的变革，而是为人类新文明提供全新蓝图。我们已经走近无人区，虽无经验可鉴，但有方向可循，我们应践行"实践创新、中国样本、全球高地"的理念，为新型产业和未来社会勾勒全新法治图景。

2. 数字法治应重构社会的治理逻辑

随着数字技术革命的兴起，千百年来人们所习以为常的物理存在逐渐转换为数字世界，人类也由此迈进了数字时代。数字化将成为治理的主线，国家治理和社会治理应体现出共享、共治、共建、普惠、精准的时代诉求。

数字化是国家治理体系和治理能力现代化的重要时代特征。数字法治要求国家机关利用网络技术、数字技术和人工智能大幅提高工作效率和效能，政府应利用数字资源，凝聚数字力量，基于数字效率，为公众提供便捷、精细、自动化的公共服务。随着公共服务效率的提升，国家可以提供更多有效的公共参与渠道。近年来，我国提出了加强智慧社会建设和基层网格化治理，打造共建、共治、共享社会治理格局的战略目标。这一目标无法依赖传统的人海管理方法，而需要依靠数字化治理。数字化治理要求设计更精细的网络问政、线上动员、在线纠纷解决等机制，构建分布式、互动型、共享化的赋权机制和民主参与机制，使基层治理真正达到共建、共治、共享要求，实现精细化治理秩序。

3. 数字法治是实现法治政府的有效路径

数字法治从多个方面重塑了法治政府的模式。一方面，数字化改变了政府行政理念。传统理论认为，公平正义、阳光政府和公众参与是最重要的三个行政理念。在数字化背景之下，这些理念发生了重大变化：公平正义从形式正义迈向实质正义；阳光政府从相对公开转向全过程公开、从单向公开转向互动公开、从片面公开转向立体公开；公众参与从被动参与转向主动参与、从少数参与转向全员参与。

另一方面，数字化赋能实现了高效行政。数字政府已成为新时代全面深化行政体制改革的必然选择，成为推进国家治理体系和治理能力现代化的必然要求，是释放数字经济发展潜能、应对数字经济发展新挑战的现实需要。政府部门应当运用数字技术更好地履行政府职能，北京市、山西省等地探索建设"领导驾驶舱"新型政府治理系统，灵活运用大数据资源和技术，优化政府的管理、服务和决策模式。浙江省已经实现了"最多跑一次"

目标，未来应当优化城市大脑工程，进一步构建用数据管理、创新、决策的新型政府，在数字时代引领法治政府的建设，让政府的各项权力都在法治化、数字化的轨道上运行。

4. 数字法治是实现司法改革的重要抓手

我国"十四五"规划和 2035 年远景目标纲要提出"坚持创新在我国现代化建设全局中的核心地位，把科技自立自强作为国家发展的战略支撑"，司法改革应当也是科技革命，应当以数字化为契机全面转型升级。一方面，要利用数字化驱动智慧司法建设。要把握司法规律，积聚各类创新资源，把科技创新充分融入司法各方面、各环节，全面加强智慧服务、智慧管理、智慧检务、智慧审判、智慧执行，为智慧法院建设注入新动力。要坚持系统观念，加强统筹协调、一体推进，促进智能协同、融合集成，有效整合完善各类应用系统，促进数字化建设整体效能发挥。要综合运用信息论、控制论、博弈论等，准确把握数字时代要求，持续提升司法智能化水平。

另一方面，司法应当逐步从"数据驱动"转向"数字决策"。未来，"用数据说话、让数据做主"的数据驱动模式，应转向数字决策的司法模式。长期以来，司法部门的决策者和管理者依靠经验来管理，依靠直觉来决策的模式，已经不适应数字时代的要求。未来，要从传统的粗放低效的管理决策模式，转变为数字时代的精细、高效、自动决策模式。在推进数字司法的建设中，应充分应用司法大数据，发挥司法大数据的关键核心作用，树立"大数据质量观"，让数字化成为案件处理的核心，通过数字化强化质量管理。

"风生水起逐浪高"，我们应立足中国在数字法治建设上的实践探索优势，探求面向未来的具有普遍意义的数字法治理论和制度成果。通过创新数字化治理手段，以科学化、精细化的治理方式，解决数字发展中的新问题，避免"一管就死、一放就乱"的治理困境。未来，理论界应与实务界携手推动数字法治的理论体系研究和制度建构，这将对中国乃至全球数字时代的法治构建产生深远影响。

CHAPTER 2

| 第二章 |

科学立法与数据共享机制建构

大数据、物联网以及人工智能等革命性技术在当下正在重新塑造和定义我们的生活，数据作为推动这些技术发展进步的重要驱动力，逐渐成为价值不菲的新型商品、资产，被誉为"新时代的石油"。① 数据的商品化与财产化在现有法律体系之下正引起诸多矛盾，这些矛盾往往与数据的控制力紧密相关，多方主体围绕数据控制力问题展开了博弈。② 为保障数据经济的健康发展，避免数据被单一主体过度垄断，保障数据的流通与共享具有深远意义。

　　数据按内容是否涉及自然人隐私，可分为个人数据与非个人数据。③ 我国既有立法对于数据，尤其是对于非个人数据流通、共享的保障，是极为

---

① "Regulating the Internet Giants—The World's Most Valuable Resource Is No Longer Oil, But Data", The Economist, 2017.

② 例如数据产业相关主体行为失范、投资者激励不足等问题已引起学界广泛关注，参见崔国斌：《大数据有限排他权的基础理论》，载《法学研究》2019年第5期。对数据财产化、商品化的探讨可参见王玉林、高富平：《大数据的财产属性研究》，载《图书与情报》2016年第1期；龙卫球：《数据新型财产权构建及其体系研究》，载《政法论坛》2017年第4期。

③ 非个人数据的概念已被欧盟立法者所接受和使用，泛指个人数据以外的数据。参见欧盟《非个人数据自由流通条例》（*Regulation on the Free Flow of Non-personal Data*）。

有限的。① 本章力图在现有法律框架基础上，通过对相关立法策略的研究，为我国保障非个人数据流通提供相关立法建议。

一、促进数据共享的正当性：数据锁定现象及其危害

保障数据的流通、共享是发展数据经济繁荣的基本前提。② 在一国之内，数据若得以适度自由地流通、共享，则市场机制可以发挥作用，使数据这项资源得到更优化的配置，促进数据经济的效率。反之，若数据被少数经营者垄断，无法流通、共享，则市场失灵现象便会显现，数据资源难以得到有效配置，数据经济的效率将严重受损。在国家之间，数据犹如商品、服务，其自由流通能够带来数据相关产业的共同繁荣，而阻止数据流通的行为则犹如设置贸易壁垒，将降低总体经济的效率。③ 对于我国而言，保障国家内部数据的自由流通应是立法者首先需要解决的问题。

---

① 我国现行《民法典》《网络安全法》以及《电子商务法》等法律中设置了一定的促进数据流通的条款，例如，《民法典》第一千○三十七条第一款规定，"自然人可以依法向信息处理者查阅或者复制其个人信息"。《网络安全法》第十八条第一款规定，"国家鼓励开发网络数据安全保护和利用技术，促进公共数据资源开放，推动技术创新和经济社会发展"。然而，以上法律的相关条款，无论是对于权利人的赋权，还是对于失范行为的制裁，均是不充分的，难以有效、全面地保障数据流通、共享。

② 正因如此，欧盟、日本等国家和地区正积极地推进国家、地区内部以及国家、地区之间的数据流通，以促进数据经济的发展。在欧盟，欧委会指出，对数据自由流通的不当限制，将极有可能阻碍数据经济的发展。因此，欧委会在"数字单一市场战略"（Digital Single Market Strategy）中的一个重要目标是构建去除数据流通障碍的政策、法律框架。Commission Communication on Building a European Data Economy, COM 9 final (Oct. 1, 2017), p.3.

③ 欧盟内部的《一般数据保护条例》（General Data Protection Regulation，GDPR）以及《非个人数据自由流通条例》（Regulation on the Free Flow of Non-personal Data）为数据在成员国间的自由流通扫清了障碍。欧盟与日本的《日欧经济伙伴关系协定》（Japan-EU Economic Partnership Agreement，EPA）则为双方未来个人数据的流通奠定了基础。See Marija Bartl Kristina Irion, "The Japan EU Economic Partnership Agreement: Flows of Personal Data to the Land of the Rising Sun", October 25, 2017. Available at SSRN: https://ssrn.com/abstract=3099390 or http://dx.doi.org/10.2139/ssrn.3099390.

（一）数据锁定问题的产生

本书将以数据在智能化设备领域的应用为例来阐释数据锁定现象的成因和相关各方的利益格局。与智能化设备处理数据存在密切利害关系的主体主要有三方，分别是智能化设备供应商、其他经营者以及用户。

智能化设备供应商因其收集、处理数据的行为，可以界定为我国《民法典》语境下的信息处理者。[①] 作为设备与数据的投资者，他们通过设备中预置的传感器将使用设备产生的数据直接发送回自有服务器储存，并对其进行加密处理，继而成为非个人数据的实际持有者（ de facto holder ）。

其他经营者既包括与智能化设备供应商具有竞争关系的竞争者，也包括位于产业链上下游提供数据分析、衍生服务、不具有直接竞争关系的经营者。能否获得相应的必要数据是这类主体进入数据相关市场的关键。

用户即智能化设备的使用者，既包括为日常生活需要或为生产经营需要从供应商处购买设备的个人或组织，也包括从其他设备所有人处租用设备的承租人。用户既是设备的直接使用者，也是设备数据的生产者，若无其使用行为，则设备无法产生数据。与传统商品、服务的买卖合同关系不同，智能化设备供应商与用户并非一锤子买卖，在设备买卖关系之外，还存在着长期的数据生产上的合作关系。

数据锁定问题在智能化设备领域较为明显。数据是智能化设备的技术基础，设备供应商（即实际上的信息处理者）通过设备使用数据的生产、采集与处理，便可更深入了解产品运行情况及用户使用需求，进而优化产

---

① 本书使用"信息处理者"这一概念指代实施收集、处理数据等行为的主体，包括了欧盟GDPR中的数据控制者与数据处理者。借鉴《民法典》与《个人信息保护法》的规定，信息处理者，是指自主决定处理目的、处理方式等信息处理事项的组织、个人。

品性能与适应性。这意味着供应商掌握的数据越充分，其所能获得的经济利益与竞争优势便越多。为进一步追求优势市场地位与经济利益，供应商往往选择数据封锁策略，将相关数据作为商业秘密严格保护，使其他利益相关者难以访问、获取或转移这些数据。该策略引起的数据锁定困局将导致严重后果。

（二）数据锁定的危害

产品同质是完全竞争市场的主要特征之一，市场上存在充足的替代品则是保证市场竞争的重要前提。① 然而在完全竞争市场中，经营者缺乏定价权，只得遵从市场价格，这无疑阻碍了其对利润的追求。② 智能化设备供应商之所以推行数据封锁策略，其主要动机便在于消除产品可替代性，使其他经营者无法提供同质产品以追求超额利润。

以智能化工厂为例，其关键设备通常配备传感器，既可用于设备的检测和维护，也可通过连接其他设备构建生产智能生态系统。③ 传感器所获得的非个人数据对于工厂而言是至关重要的，但通常并未由设备的所有者（即用户）掌握，而是被传输回原设备供应商处，由后者所控制。此时，若原供应商不愿提供数据支持，则即便市场上存在其他供应商提供的同类设备，其设备也将由于数据支持的缺乏而难以融入现有的智能生态系统，无法实

---

① 完全竞争市场是一个理想模型，其主要特征包括价格接受者、产品同质以及自由进入与退出市场。[美]罗伯特·S.平狄克、丹尼尔·L.鲁宾菲尔德：《微观经济学》（第八版），李彬等译，中国人民大学出版社2013年版，第257页。

② 理想的完全竞争市场中，不同供应商可以提供同质的产品，因此没有任何产品是不可被替代的。这意味着供应商无法实施过高定价、捆绑销售等垄断行为，只能接受市场价格，否则消费者便将选择其他更廉价的替代品。[美]罗伯特·S.平狄克、丹尼尔·L.鲁宾菲尔德：《微观经济学》（第八版），李彬等译，中国人民大学出版社2013年版，第256页。

③ Josef Drexl, "Data Access and Control in the Era of Connected Devices—Study on Behalf of the European Consumer Organisation BEUC", Aug 8, 2019, p.34, https://www.beuc.eu/publications/beuc-x-2018-121_data_access_and_control_in_the_area_of_connected_devices.pdf.

现有效运转。这些具备类似功能的设备因而难以成为真正的替代品，而原供应商则成为用户唯一的设备供应源，并据此取得了实现超额利润的定价权。

智能化设备供应商推行的针对数据的封锁策略有损于用户、竞争者以及公众的正当利益。宏观层面，首先，数据封锁策略可能导致替代品匮乏，损害市场竞争与技术创新，不利于其长远发展。一旦供应商锁定了特定用户的数据，他便随之锁定了与之相关的市场，竞争者由于缺乏必要数据难以进入市场提供替代产品。此时，市场自身的资源配置功能被大幅削弱，行业创新也将极大受挫。其次，数据封锁策略不利于公共服务的提供。现代公共服务中的医疗、环保、能源控制以及城市规划皆有赖于数据的充分性①，数据锁定困局对数据自由流通的损害将严重影响公共服务的供给，使公共利益受损。

微观层面，数据封锁策略有违法律的公平精神，尤其严重损害了用户的正当权益。数据并非凭空而生，若无用户的参与，绝无数据经济的蓬勃发展。然而，用户不仅未能从日益增值的数据中分享应有的经济利益，而且往往无法从实际掌握数据的大型互联网平台、设备供应商手中访问、获取由自己生产的数据，这可能导致他们被束缚于现有安排，无法选择、更换其他供应商提供的智能化商品或服务。用户所应享有的知情权、选择权等正当权益遭受了严重侵害。

---

① OECD, Data-Driven Innovation: Big Data for Growth and Well-Being, 2015, available at: http://www.oecd.org/sti/data-driven-innovation-9789264229358-en.htm.

二、完善共享机制的必要性：现有法律框架及其不足

在数据经济中，保障数据的投资激励与保障数据的自由流通之间是具有紧密相关性的，二者共同涉及如何在信息处理者与用户两个核心主体之间分配数据控制力的问题。若强化投资者（即信息处理者）对数据的控制力，则其可能拥有更多的投资激励，但也可能加剧本已严重的数据锁定困局。若适度强化用户及其他经营者对数据的控制力，则可推动数据的自由流通，但也可能减损投资者的积极性。总的来说，在非个人数据领域，我国现有法律框架已经给信息处理者提供了一定的保护，但对数据流通之保障则远远不足。

（一）现有法律对信息处理者的保护

信息处理者因为控制服务器，所以对数据其实具有物理上的控制。此外，我国立法虽然没有为信息处理者在数据上设定财产权，但现有法律框架通过其他制度实际上为信息处理者提供了一定的保护。[①]

对信息处理者的保护首先体现在商业秘密保护层面。数据本身易于加密的特性使得商业秘密制度成为其理想的保护模式[②]，这一模式也是如今数据锁定困局的肇因之一。在我国，智能化设备产生的数据只要符合《反不正当竞争法》第九条规定的"不为公众所知悉、具有商业价值并经权利人采取相应保密措施"等要件，即可成为商业秘密法保护的客体，而供应商使

---

① 相关欧盟法上的介绍，参见 M. Leistner, "The Existing European IP Rights System and the Data Economy——An Overview with Particular Focus on Data Access and Portability", 2020, available at SSRN 3625712。

② 崔国斌：《大数据有限排他权的基础理论》，载《法学研究》2019年第5期。

其控制的数据满足这些要件的难度并不高。

实践中信息处理者往往还通过《反不正当竞争法》第二条的一般条款主张其对数据的财产性利益。针对目前大数据纠纷典型案例，各法院在既有数据纠纷中的一般裁判思路为：（1）确认信息处理者在数据收集过程中付出了实质性投资，大数据集合能为其带来经济利益和竞争优势，因此数据收集者对其数据集合具有竞争法上的利益；（2）竞争者采取了不正当竞争行为而损害数据收集者财产利益。[1] 有学者认为，现行司法实践试图激活《反不正当竞争法》第二条一般条款中的"合法权益"而确立事实上的"数据财产权"，以抽象的不正当竞争行为名义，对于非法侵入、使用企业数据等行为加以排除和救济。[2]

（二）现有法律破解非个人数据锁定之局限

在大数据时代，"多就意味着是好"[3]。无论个人数据还是非个人数据，都是信息处理者试图垄断的资源。在现有法律框架下，自然人的个人数据的利益已经能够得到不同水平的保护，因此在一定程度上能够破解信息处理者对个人数据锁定的问题。以欧盟法为例，欧盟《通用数据保护条例》（下称 GDPR）规定的数据权利虽为用户提供了较多权利[4] 以应对信息

---

[1]　典型案例包括：酷米客诉车来了、大众点评诉爱帮网、大众点评诉百度、腾讯诉抖音、多闪案以及淘宝诉美景案等。

[2]　龙卫球：《再论企业数据保护的财产权化路径》，载《东方法学》2018年第3期。

[3]　Woodrow Hartzog, Privacy's Blueprint: The Battle to Control the Design of New Technologies, Cambridge: Harvard University Press, 2018, p.51.

[4]　例如，欧盟GDPR设立了数据可携带权，用户可据此获取其已向控制者提供的个人数据，或要求其个人数据从一个控制者直接传输到另一个控制者；又如，GDPR设立的数据访问权保证用户可从控制者处获得包括个人数据来源、数据种类、处理目的以及处理期限等在内的相关信息，并且有权免费获得正在处理的个人数据副本。

处理者封锁个人数据的行为，但该条例存在如下局限：第一，权利主体局限性。非自然人主体产生的数据通常为非个人数据，而唯有自然人主体享有 GDPR 设立的基于隐私权的数据权利，非自然人用户或经营者无法依据 GDPR 保障自身获取、访问数据的能力——即使这些数据是由他们生产形成的。第二，权利客体局限性。唯有涉及个人隐私或识别个人特征的数据（即个人数据）可获得 GDPR 的保护，而信息处理者收集、处理的数据范畴是大于个人数据的。原始数据（raw data）、机器生成数据（machine-generated data）、地理数据等等非个人数据皆无法成为隐私权的客体，用户或经营者难以根据 GDPR 对这些非个人数据主张权利。因此，GDPR 的存在并不足以解决涉及非个人数据锁定的问题。

我国《民法典》和《个人信息保护法》在保障个人数据、信息的流通方面具有重要作用。然而在应对非个人数据锁定问题方面，则面临与欧盟 GDPR 相似的困境，一方面无法为非自然人主体的相关权益提供有效救济手段，另一方面无法规制信息处理者收集、处理非个人数据的行为。在自然人的个人数据权益保护水平得到不断提升的背景下，这一立法短板亟待补齐。唯有如此，才能有效保障非自然人主体对于其非个人数据的正当权益，并且全面促进数据的自由流通、共享。

反垄断法层面，智能化设备供应商的数据封锁行为在竞争法视野下可能构成滥用市场支配地位中的拒绝交易行为，因此用户和其他经营者理论上可借助竞争法保障自身数据权益，从而破解数据锁定之困局。但是，证明智能化设备供应商在相关市场中具有市场支配地位及其行为构成滥用，是极为困难的。此外，高昂的诉讼成本、诉讼结果的不确定性也限制了用户及其他经营者利用竞争法应对数据锁定困局的可能性。

合同法层面，理论上，用户即使不具备访问、使用数据的法定权利，仍可通过合同设立债权性质的权利作为保障。然而实践中，合同的天然局限性在于智能化设备供应商与用户之间悬殊的市场力量与议价能力。[①] 在合同法意思自治的框架下，强势的供应商为保证自身利益，无疑将拒绝制定保障用户访问、获取数据的合同条款。这可能成为市场上供应商的普遍立场，迫使用户没有其他选择余地。此外，用户也可能与供应商进行利益交换，通过放弃数据利益换取优惠价格等利益。无论何种情况，用户试图通过合同设立债权权利保障自身访问、获取数据资格的可能性都是极低的。

三、促进数据共享的立法方案：以访问权的建构为中心

（一）立法目标：保障数据流通，防止数据锁定

数据相关立法具有多元化目标。工业和信息化部在 2016 年发布的《大数据产业发展规划（2016—2020 年）》明确提出应健全数据开发、数据保护、数据流通、个人信息保护和关键信息基础设施安全等方面的政策法规制度。欧盟的立法经验同样表明，应系统性地统筹兼顾各项立法目标，而非片面强调单一目标。

近年来，在我国个人信息保护水平不断提升的背景下，更多学者强调了对投资者（企业）数据权利的保护。代表性观点是龙卫球教授主张的企

---

① Josef Drexl et al., "The Position Statement of the Max Planck Institute for Innovation and Competition of 26 April 2017 on the European Commission's 'Public Consultation on Building the European Data Economy'", Aug 7, 2019, https://www.ip.mpg.de/fileadmin/ipmpg/content/stellungnahmen/MPI_Statement_Public_consultation_on_Building_the_EU_Data_Eco_28042017.pdf.

业新型数据财产权。^①他指出，"如果仅赋予个人信息权，比如欧盟 GDPR
中所列明的知情权、拒绝权、被遗忘权等，那么那些为准确利用数据投入
了巨大资源的企业机构就会丧失积极性，不仅不符合劳动原理，更不符合
数据经济规律"。为了更好地兼顾个人信息保护与企业经济利益，有必要
"分别构建自然人的关于个人信息的权利和企业的关于数据的权利"^②。相对
保守的学者如崔国斌教授亦提出了数据有限排他权保护的观点，即为针对
处于公开状态的非独创性大规模数据集合，提供阻止他人未经许可向公众
传播收集者付出实质性投入收集的实质数量的数据内容的权利。^③

国内研究对于保障数据的投资激励有过度强调之嫌，而对保障数据的
自由流通则似乎过度忽视了。立法片面强调保障数据的投资激励，将削弱
数据的自由流通，反之亦然。立法者需要在数据经济的现实性基础上，权
衡两个立法目标，在数据相关产业的投资者、用户、其他经营者以及公众
利益之间寻找恰当的平衡点。

考虑到在数据投资者激励方面，现有研究并未充分证实我国既有法律
框架无法保障投资者的激励。相反，一些更具说服力的研究表明，数据产
业的投资激励更多来源于市场竞争而非产权。^④而在数据流通方面，欧盟
的立法经验与学术研究表明，数据难以在信息处理者、用户、竞争者之间，

---

① 龙卫球：《数据新型财产权构建及其体系研究》，载《政法论坛》2017年第4期。
② 龙卫球：《再论企业数据保护的财产权化路径》，载《东方法学》2018年第3期。类似观点
　见程啸：《论大数据时代的个人数据权利》，载《中国社会科学》2018年第3期。
③ 崔国斌：《大数据有限排他权的基础理论》，载《法学研究》2019年第5期。崔国斌同样曾
　表达过对法官利用反不正当竞争法造法的担忧，参见崔国斌：《知识产权法官造法批判》，
　载《中国法学》2006年第1期。
④ Josef Drexl, "Designing Competitive Markets for Industrial Data—Between Propertisation and Ac-
　cess", Journal of Intellectual Property, Information Technology and E-Commerce (JIPITEC), 8,
　2017, p.257.

以及在欧盟成员国之间自由流通的问题是现实存在的。数据流通问题的现实性，对于数据产业较为发达的我国而言应是同样适用的。

因此，促进数据流通、保障市场良性竞争的立法目标在我国应具有更高的优先级。尤其在缺乏《个人信息保护法》规制的非个人数据领域，数据流通、共享应受到更高重视。毕竟，"数据流通是数据的生命"，数据的价值是通过流通和被应用的程度实现的，数据只有在流通和碰撞中才会产生更高的价值。①

（二）破解数据锁定困局的两种进路

目前，在极为重视数据流通、共享的欧盟，主要出现了两种应对数据锁定困局的方案：其一为"数据生产者权方案"，该方案通过为数据生产者设定排他性的新型知识产权（或财产权），使其得以全面控制由其生产的非个人数据②；其二为"数据访问权方案"，其主要思路是在 GDPR 保护体系的基础之上，为用户在非个人数据之上设立不可放弃或转让的访问权，以保障其访问、转移数据的自由。以上方案制定过程中的相关经验对于我国非个人数据的相关立法来说极具借鉴意义。

1. 进路一：数据生产者权

数据生产者权方案的总体思路是通过为数据生产者设立一项新型数据知识产权（或财产权），保障其获得非个人数据或匿名数据的能力，扫除该类

---

① 高富平、张英、汤奇峰：《数据保护、利用与安全——大数据产业的制度需求和供给》，法律出版社2020年版，第85—86页。

② Commission Communication on Building a European Data Economy, COM 9 final ,Oct. 1, 2017, p. 13.

数据流通的障碍，促进数据经济的发展。[①] 数据生产者可能是机器设备的所有者，也可能是设备的长期使用者。赋予数据生产者对数据的所有权能给予数据生产者更多选择，增加用户利用数据的可能性，解锁机器生成数据。[②]

欧盟委员会建议设立数据生产者权利可采用两种路径：一种路径将该权利设计为对世物权，即数据所有权（data ownership），所有者有使用特定数据的排他性权利和许可他人使用该数据的权利；另一种路径是设计一套纯粹的防卫型权利，这一路径可以遵循《欧盟商业秘密保护指令》对商业秘密保护所做的设计，使数据的实际控制者有向非法挪用数据者提起诉讼的能力，该路径基于实际占有（de facto possession）而不是所有权为数据提供保护。[③]

该权利指向的客体为句法层面的非个人数据。[④] 根据符号学原理，信息可区分为句法信息（syntactic information）、语义信息（semantic information）以及语用信息（pragmatic information），其中句法信息是指通

[①] European Commission, Communication from the Commission to the European Parliament, the Council, the European Economic and Social Committee and the Committee of the Regions: "Building a European Data Economy", 7.2 (c) (iii).

[②] European Commission, Communication from the Commission to the European Parliament, the Council, the European Economic and Social Committee and the Committee of the Regions: "Building a European Data Economy". 转引自华劼：《欧盟数据生产者权利质疑——以知识产权制度安排为视角》，载《知识产权》2020年第1期。

[③] European Commission, Communication from the Commission to the European Parliament, the Council, the European Economic and Social Committee and the Committee of the Regions: "Building a European Data Economy", 7.2 (c)(i).转引自华劼：《欧盟数据生产者权利质疑——以知识产权制度安排为视角》，载《知识产权》2020年第1期。

[④] 该意见主要源于德国学者泽赫（Zech）的观点，关于符号学在数据保护中的具体应用也可参见其文章: Herbert Zech, "A Legal Framework for a Data Economy in the European Digital Single Market: Rights to Use Data", Journal of Intellectual Property Law & Practice 11, 2016, pp.460-470.

过一定数量的符号及符号之间的逻辑关系界定的信息。① 数据生产者权利所要规制的仅是句法或语法层面的数据表达，而非数据背后的思想、功能、内容。该权利的内容包括：寻求禁令的权利，阻止无权使用数据的第三方进一步使用数据；将利用盗用数据制造的产品排除出市场的权利；对于未经授权使用数据而要求赔偿的可能性。② 此外，该权利的行使亦受到一定例外制度的限制。③

设立数据生产者权虽具有一定的正当性基础，但以此为手段来应对数据锁定困局可能存在四方面缺陷。实际上，正是考虑到这些缺陷的存在，欧盟及其成员国的立法者才普遍对数据生产者权方案采取了否定立场。

缺陷之一为数据生产者概念的模糊性。究竟是信息处理者对设备、数据的投资行为导致了非个人数据的产生，还是用户的使用行为导致了非个人数据的产生，就这一"谁是数据生产者"的问题，欧盟在立法过程中进行了激烈讨论。最终，欧委会员工报告指出，权利分配应考虑的一个标准是主体对于数据的投资，因此，设备、传感器的生产者以及设备的使用者皆有机会成为数据生产者权的主体。④ 有鉴于此，数据生产者权方案一旦立法获得成功，信息处理者将有机会获得权利主体资格。

---

① 王镭：《"拷问"数据财产权——以信息与数据的层面划分为视角》，载《华中科技大学学报（社会科学版）》2019年第4期。

② European Commission, Communication from the Commission to the European Parliament, the Council, the European Economic and Social Committee and the Committee of the Regions: "Building a European Data Economy", 7.2 (c)(i).

③ European Commission, Communication from the Commission to the European Parliament, the Council, the European Economic and Social Committee and the Committee of the Regions: "Building a European Data Economy", 7.2 (c)(iv).

④ Commission Staff Working Document on the Free Flow of Data and Emerging Issues of the European Data Economy, SWD , 2017, 2 final: 35 (Jan. 10, 2017).

缺陷之二为数据生产者权的排他性问题。数据生产者权作为一种财产性权利，具有显著的排他性特征，权利人可借此限制其他主体访问、获取由其生产的数据。尽管欧盟试图设立数据生产者权的立法初心是扫除非个人数据流通、共享的障碍，但该权利的排他性特征无疑将制造新的数据流通障碍。与著作权悖论相似①，该方案的目标与具体方法之间存在严重的内在逻辑矛盾。正是由于这种矛盾，数据生产者权方案难以在理论上自圆其说，更无法证明其解决非个人数据锁定困局的有效性。

缺陷之三为数据生产者权的权利碎片化问题。②当前，同一来源的设备产生的数据（如关于某款智能汽车的数据）一般皆由单一信息处理者独立持有，一旦设立数据生产者权，这些设备的数据权利将可能由众多权利人分别享有，此过程即权利的碎片化。在原有环境下，其他经营者若欲获取数据，只需要与单一信息处理者谈判并获得授权即可合法使用数据；权利碎片化背景下，交易者需要与众多权利人一一谈判并获得授权，此时的交易成本将急剧升高，甚至可能导致市场失灵现象的出现。

缺陷之四为议价能力的失衡可能阻碍数据生产者权的基本功能的实现，同时造成消极后果。信息处理者与用户之间失衡的议价能力是导致数据锁定困局的主要原因之一。理论上，用户本可在与信息处理者的合同之中约定保障其访问、获取数据的条款。实践中，由于二者间悬殊的议价能力，难以促成这类条款。在财产权框架之下，为用户创设数据生产者权这一可转让的权利并无法改变议价能力失衡问题。信息处理者凭借其优势地位，

---

① Neil Weinstock Netanel, Copyright's Paradox, Oxford: Oxford University Press, 2008.
② 权利的碎片化问题常见于著作权领域，其主要后果是推高交易成本。See Daniel Gervais, Collective Management of Copyright and Related Right 10 (Second Edition), Amsterdam: Kluwer Law International, 2010.

依然可强制用户在合同中转让数据权利。同时，数据生产者权的出现还可能导致信息处理者通过交易取得该权利的结果，强化其在市场上对数据的控制力，使其竞争对手更难合理取得相关数据。因此，数据生产者权不仅无法破解数据锁定困局，还可能使其加剧。①

2. 进路二：数据访问权

在数据生产者权方案存在较多缺陷的背景下，欧盟的立法者和学者将更多注意力投向了数据访问权方案。数据访问权方案的核心，是通过保障用户访问、转移由信息处理者（数据实际持有人）控制的非个人数据的能力，来破解数据锁定困局。在 2017 年欧委会公布的意见中，访问非个人数据的保障措施，主要是通过为数据持有人设定许可他人使用特定数据的义务来实现的。② 例如，相关非个人数据涉及车载信息、标准必要专利以及公共部门信息时，信息处理者有义务将数据许可给特定主体使用。③ 该方案从判断信息处理者行为合法性的角度出发，探索了解决非个人数据锁定问题的具体措施，但其局限性也是非常明显的：信息处理者仅在有限的、特定的情形下有义务许可特定主体使用其所控制的非个人数据；特定主体获取数据的自由无法得到充分保障，而且可能需要为获得数据使用权支付额外的成本。因此，无论是在促进数据的流通与共享，还是在维护用户以及社会公众之正当利益方面，该方案都是效果有限的。

---

① Drexl, "Data Access and Control in the Era of Connected Devices", p.39.

② European Commission, Communication from the Commission to the European Parliament, the Council, the European Economic and Social Committee and the Committee of the Regions: "Building a European Data Economy", 7.2 (d)(ii).

③ European Commission, Communication from the Commission to the European Parliament, the Council, the European Economic and Social Committee and the Committee of the Regions: "Building a European Data Economy", 7.2 (d)(iii).

　　为克服这一局限性，部分欧盟学者主张为用户设定不可放弃的法定访问权（non-waivable statutory access rights）——数据访问权，以应对非个人数据锁定问题。①数据访问权可视为一种不可剥夺规则下的权利，权利人不得自由转让或放弃该权利。②唯有具有这种特性，才能够有效防止信息处理者利用优势谈判地位获得数据的实际控制权，进而保障数据自由流通、共享，最终促进非个人数据之上的社会整体利益最大化。

　　数据访问权方案的核心是为 GDPR 未能覆盖的非自然人主体以及非个人数据提供特定的法律保护（为用户设立数据访问权与携带权，即访问与转移数据的权利），以保障数据的全面自由流通。如前所述，GDPR 在保障数据流通方面的局限性，主要表现为权利主体无法覆盖非自然人主体以及权利客体无法覆盖非个人数据。数据访问权方案旨在将数据权利主体延伸至非自然人，同时将权利客体延伸至非个人数据。如此，在数据访问权制度与 GDPR 的二元法律规制框架下，用户的数据使用自由便可得到更为充分、全面的保障。

　　申言之，权利主体方面，数据访问权的权利主体涵盖了自然人用户与企业、法人用户在内的各类主体，包括：（1）以满足日常生活需要为目标的消费者用户；（2）以满足生产经营为目标的经营者用户；（3）设备的所有

---

① Rolf H. Weber, "Improvement of Data Economy through Compulsory Licences?", in Sebastian Lohsse, Reiner Schulte and Dirk Staudenmeyer, eds., Trading Data in the Digital Economy: Legal Concepts and Tools, Baden-Baden: Bloomsbury Publishing, 2017, pp.137, 145; Drexl, "Data Access and Control in the Era of Connected Devices", p.39.

② 美国的学者卡拉布雷西（Calabresi）和梅拉米德（Melamed）提出了一种区分权利保护的理论分析框架——卡梅框架，将权利保护的规则模式分为三类：财产权规则、责任规则以及不可剥夺规则。其中，不可剥夺规则指向的权利类型为人格权等不可放弃或转让的权利。See G. Calabresi, A. D. Melamed, "Property Rules, Liability Rules, and Inalienability: One View of the Cathedral", Harvard Law Review, Vol. 85 Nol, 2, 1972, pp.19-33.

者；（4）设备的长期使用者。此外，还有学者建议将数据访问权赋予用户之外享有合法利益的主体。其主要理由在于，数据访问权是基于人的基本权利而产生的，具有不可放弃性，因此权利人以外的主体无法通过合同获得该权利。如若具有合法利益的主体未能被认定为数据访问权人，其便无法获得法律上的救济。[①] 这一考虑无疑具有合理性，但也可能增加法律实施的复杂性。

权利客体方面，欧盟现行的 GDPR 仅针对从用户设备中直接获得的个人数据。[②] 这意味着非个人数据与间接获得的数据（如对原始数据进行加工、分析、处理后的结果）是不受保护的。因此，数据访问权方案正是将以上二者列为权利客体，使权利人获得更广泛的数据使用自由，进而更好地预防与解决数据锁定问题。

权利内容方面，数据访问权的内容主要包括访问权与携带权，以使其应对数据锁定困局更具针对性。[③] 访问权，即用户权利人借以要求供应商提供由其生产的数据的权利；携带权，即用户将由其生产的数据转移给第三方供应商进行处理、分析的权利。相较于数据生产者权方案，数据访问权不具有排他性，权利主体无法依据该权利阻止他人对相关数据的利用。其所提供的有限救济在有效保障权利主体获取、使用数据的同时带来的负面影响更少，尤其可以避免数据垄断、权利碎片化、供应商掌握排他性数据权利等后果。

---

① Drexl，"Data Access and Control in the Era of Connected Devices"，p.157.
② Article 20 of GDPR.
③ Drexl，"Data Access and Control in the Era of Connected Devices"，p.154.

3. 小结：数据访问权的相对优势

相较于数据生产者权，数据访问权的基本功能、权利特征以及立法成本等因素决定了其应对数据锁定困局具有相对优势。

第一，数据访问权更有利于促进市场竞争与创新。[①] 近年来，随着各类数据交易平台在世界各国不断兴起，数据市场正在蓬勃发展。目前，并无证据表明，当下信息处理者之间的数据交易存在市场失灵问题，盲目推出数据生产者权等排他性数据权利，可能导致数据市场竞争的扭曲而非繁荣。[②] 相反，信息处理者与用户之间市场失灵问题较为明显。信息处理者拒绝为用户提供数据的问题，即数据锁定问题，却是广泛存在的。[③] 立法设置数据访问权系为弱势的用户提供法律救济，仅干预信息处理者与用户之间的法律关系。因此，这一做法不仅具有正当性，而且将对整体数据市场的干预降到了最低程度，对市场竞争是更为有利的。同时，利用数据生产者权等排他性数据权利促进市场创新也是缺乏必要性的。根据经济合作与发展组织（OECD）的定义，创新可包括产品创新、程序创新、组织创新以及市场创新四个维度。[④] 数据相关市场的创新涉及了以上各个维度，而这些维度的创新更多依赖的是市场竞争而非知识产权等财产性权利提供的激励。[⑤] 有鉴于此，更适宜促进数据市场竞争的数据访问权，应当可以更好地促进数据市场的创新。

[①] Drexl, "Data Access and Control in the Era of Connected Devices", pp.51-53.

[②] Drexl, "Data Access and Control in the Era of Connected Devices", p.51.

[③] Drexl, "Data Access and Control in the Era of Connected Devices", p.51.

[④] OECD, "Oslo Manual—Guidelines for Collecting and Interpreting Innovation Data", 2005, paras 31 and 155-184.

[⑤] Drexl, "Data Access and Control in the Era of Connected Devices", p.53.

第二，数据访问权更有利于保障消费者以及公众利益。[1] 智能化设备的用户往往同时具有消费者的身份，对于一个消费者而言，数据相关的隐私和设备正常运行问题远比数据本身的经济价值重要得多。[2] 数据访问权可以更好地满足消费者保护隐私以及维持、更换设备的需求。对于社会公众而言，信息自由的重要性是不言而喻的，数据自由流通则是信息自由的基本前提。而在促进数据流通方面，数据生产者权等排他性权利的效果显然不如数据访问权。因此，数据访问权应是更有利于公共利益的一种方案。同时，该权利对于信息处理者的负面影响是有限的，因为对其而言，产品或服务的质量以及能否产生网络效应，远比控制数据访问更为关键。[3]

第三，数据访问权的固有性特征可以免除用户因其弱势谈判地位而丧失数据权利的风险。[4] 用户与供应商之间的悬殊议价能力是天然存在的，这一客观现实意味着类似于数据生产者权这样的可由用户自由处分的财产性权利往往难以发挥理想的功效，随时面临受供应商胁迫而被转让或放弃的风险。相较而言，数据访问权的权利性质与 GDPR 规定的数据权利相似，具有较强的人格权特征，权利人不得通过合同等方式自由处分该权利。正因如此，该权利不会因其弱势谈判地位而丧失其功效或者被供应商所利用。

第四，数据访问权的立法成本更低。[5] 一是数据访问权方案相对更具灵活性，无须回应数据由谁所有的问题。[6] 大数据环境下，数据的产生是多方

---

① Drexl, "Data Access and Control in the Era of Connected Devices", p.53-58.

② Drexl, "Data Access and Control in the Era of Connected Devices", p.56.

③ A. Lambrecht, C. E. Tucker, "Can Big Data Protect a Firm from Competition?", 2015. Available at SSRN 2705530.

④ Drexl, "Data Access and Control in the Era of Connected Devices", p.154.

⑤ Drexl, "Data Access and Control in the Era of Connected Devices", p.155.

⑥ Drexl, "Data Access and Control in the Era of Connected Devices", p.154.

主体共同作用的结果，信息处理者、用户在一定程度上都可以视为"数据生产者"。同时，信息处理者收集各方用户的数据形成庞大的数据集，不同用户所生产的数据往往难以分离。若依据数据生产者权方案，便需回应数据由谁所有，以及是否构成共有等复杂甚至两难的问题。数据访问权方案则灵活地规避了这些问题，即使由于数据难以分离导致权利人在行使访问权时获取了其他用户生产的非个人数据，亦不会对其他用户的正当权益造成损害。二是数据生产者权的排他性特征可能产生诸多负面效果，因而其权利体系的建构必须通过严谨、全面的论证，尤其需要详细设计权利的例外与限制情形以维护权利本身的正当性。这无疑将是一项复杂的工程。相较而言，数据访问权由于不具有排他性，对其他主体数据使用自由的影响相对较小，其立法工作的复杂程度将相对较低。

（三）数据访问权制度建构：以保障用户对非个人数据的访问能力与转移能力为核心

非个人数据访问权制度的具体构建具有一定复杂性，我国可以在借鉴欧盟数据访问权方案经验的基础上，围绕以下几点展开。

第一，用户与非个人数据之间的关系是非个人数据访问权制度的逻辑起点，因而需要明确用户基于何种理由可对非个人数据这一客体享有权利，此即权利取得问题。非个人数据并非天然存在，而一般是通过用户直接或间接地使用特定设备的行为而产生的，这种行为可定义为数据生产行为。这与作者、作品之间的关系是类似的——作者通过其行为创作了作品。根据洛克的财产权理论，创作行为赋予了作者对作品的权利。① 同时，这一行为还是权利取得的标志。同理，数据生产行为也可使用户对其生产的非个人数据享有权利，并作为该权利取得的标志。

第二，非个人数据访问权的权利主体应具有充分的广泛性，将各类民事主体纳入其中。自然人、法人、设备的所有者、设备的使用者等不同主体均可基于其数据生产行为而向特定的信息处理者主张获得、转移相关非个人数据的权利。其中，法人虽无法直接实施数据生产行为，但其雇员可代表其意志实施该行为，因此法人可被法律拟制为一种权利主体。此外，有学者试图扩张访问权权利主体的范围，将使未实施数据生产行为但具有合法利益的主体纳入其中，原因在于访问权具有不可转让性，该类主体无法通过合同取得该权利。② 这种顾虑并无必要，现有法律并未赋予信息处理者对非个人数据的排他性权利，一旦用户通过访问权获得了相关数据，信息处理者的事实垄断状态便已被打破，其他利益相关者可以合法地从用户处获得相关数据。当然，如果未来立法为信息处理者设立非个人数据的排他性权利，那么为其他利益相关者设立访问权便具有必要性了。

第三，非个人数据访问权的权利客体应为句法层面的非个人数据。欧盟委员会指出在创设数据所有权（数据生产者）时，应确保只有句法信息受到保护，语义信息不受保护，数据所有权只保护句法层面的数据、代码，而不保护解码后的思想或信息。③ 数据生产者权设立排他性权利的思路虽不值得

---

① Herbert Zech, "A Legal Framework for a Data Economy in the European Digital Single Market: Rights to Use Data", Journal of Intellectual Property Law & Practice, 11, 2016, pp.460-470.

② Drexl, "Data Access and Control in the Era of Connected Devices", p.57.

③ European Commission, Communication from the Commission to the European Parliament, the Council, the European Economic and Social Committee and the Committee of the Regions: "Building a European Data Economy", 7.2(c)(ii).

推崇，但其界定权利客体的思路是较为恰当的。实践中，非个人数据完全可以作为一种要素或材料，用于作品创作、数据库制作等场景，此时数据形成的语义就成为著作权法、数据库保护法保护的客体。因此，唯有借助符号学原理，方能避免法律在保护非个人数据时产生的权利堆叠问题。

第四，在构建非个人数据访问权的具体权能方面，首先应秉持的理念是"数据的法律控制作为例外，信息自由作为基本原则"①。申言之，具有公共产品属性的非个人数据原则上应被视为人类社会的共有资源，由公众自由使用，任何个人或组织在无正当理由的情况下，不应将其作为私人财产垄断。私人对非个人数据的控制、垄断，应仅限于特殊的例外情况且必须具有法理上的充分正当性。基于这一理念，非个人数据访问权的权能应旨在保障用户的数据使用自由，而非强化其对数据的控制力。因此，该权利的权能原则上应不具有排他性，用户不得凭借该权利限制他人使用数据的自由。同时，该权利权能的强度应当是适中的，不应给信息处理者等相关方造成过重负担，用户通过该权利所获收益应大于其他相关方成本总和，如此方具有功利主义角度的正当性。

随着全球迈入数据经济时代，数据的自由流通与交互共享既是数据经济发展、繁荣的重要支柱，也是保障用户正当权益的基本前提，而如何实现这一目标正是当前亟待解决的问题。对此，欧盟立法实践将数据区分为个人数据与非个人数据的做法值得我国立法者借鉴。对数据进行类型化区分，而后寻找不同类型的数据规制路径，可能是较为合理、现实的方案。

在立法层面，我国应更重视对非个人数据流通的保障。我国当前的理论与实践过度倾向于数据保护，尤其是对数据产业投资者（如信息处理者）

---

① Drexl, "Data Access and Control in the Era of Connected Devices", p.33.

的保护，是不恰当的。这不仅有损于用户以及社会公众的利益，即使对于数据产业本身而言也可能是不利的。数据产业良性发展与持续创新的基础，更多是来自市场竞争，而非政策、产权的激励。数据自由流通是保证市场竞争的重要前提，在我国既有法律能够为个人数据的流通提供一定保障的背景下，引入非个人数据领域内的数据访问权，加强保障非个人数据流通的立法是当务之急。

第三章

数字法治政府建设与自动化行政

党的十九届五中全会提出建设"数字中国"的发展目标，包括建设数字经济、数字社会和数字政府。2021年8月，中共中央、国务院印发了《法治政府建设实施纲要（2021—2025年）》，提出要"坚持运用互联网、大数据、人工智能等技术手段促进依法行政，着力实现政府治理信息化与法治化深度融合，优化革新政府治理流程和方式，大力提升法治政府建设数字化水平"。在政府数字化改革背景下，行政法面临着结构性调整：在结构要素上，政府不再以孤立的人、事、物的信息作为行政管理和提供公共服务的基础，而是以实时流动的海量数据为判断依据；在组织形态上，传统零散的行政组织正迈向整体政府，数据共享加速了这一进程，行政一体化原则将贯穿整个行政法；在行为方式上，政务服务和行政监管从前窗走向了后窗，政府服务方面通过打造"一网通办"简化了行政审批流程，对大量公共服务实行秒批，行政监管方面利用数字化基础设施远程检查和调查，形成了行政行为的自动化；在行政程序上，"最多跑一次"改革凸显了行政法上效能原则的重要性，在效能与法治之间对相对人的权利保障不容忽视。

一、行政要素数据化：公共数据的界定与权属配置

信息技术影响着国家与社会的各领域，行政机关早已借助电子媒介开

展行政活动，一方面技术优势可减轻工作负担和提高行政效率，另一方面技术为行政活动流程的再造提供了可能。① 我国电子政务先后经历了办公自动化、"三金工程"、政府上网和初级电子政务四个阶段，正由数字政务逐渐迈向智慧政务。初级阶段重点在于基础设施建设，开发和推广技术应用，实现办公无纸化和政府透明化。② 而数字政务和智慧政务阶段更关注行政流程改革，通过移动互联网、云计算、大数据、物联网等新型技术与政务的全过程深度融合，以"互联网＋政务"带动实现简政放权、优化政务服务、提高行政效率等目标。③ 目前，我国从中央到地方，普遍处于政务的数字化转型阶段，体现于政府不再以孤立的人、事、物的信息作为行政管理和提供公共服务的基础，而是以实时流动的数据作为决策和行动依据，并因此形成了海量的公共数据。

（一）公共数据的界定

1. 立法界定

目前，中央层面尚未有"公共数据"的立法表达，2017 年以后则有多个地方出台的地方性法规、政府规章或者其他规范性文件提到了"公共数据"这一概念。这些地方规定主要从两方面对公共数据予以界定，包括主体和生成原因。主体即公共管理和服务机构，包括各地政府及其组成部门、公共企事业单位和社会组织。④ 生成原因上，公共数据是主体在履职过程中

---

① V. Lucke Reinermann, E-Government: Gründe und Ziele, in: Reinermann/v. Lucke (Hrsg.), Electronic Government in Deutschland, 2002, S. 1 (1 ff.).
② 张前峰：《电子政务法研究》，中国政法大学法学系2005年硕士学位论文，第14页。
③ 周汉华：《电子政务法研究》，载《法学研究》2007年第3期。
④ 比如《宁波市公共数据安全管理暂行规定》《浙江省公共数据开放与安全管理暂行办法》《无锡市公共数据管理办法》《上海市公共数据开放暂行办法》等都有规定。

所获得的数据。在此，2020年浙江省颁发的《数字经济促进条例》是一部代表性的立法，条例第十八条第三款将公共数据界定为"国家机关、法律法规规章授权的具有管理公共事务职能的组织（以下统称公共管理和服务机构）在依法履行职责和提供公共服务过程中获取的数据资源，以及法律、法规规定纳入公共数据管理的其他数据资源"。

2. 理论上的争议

有一种定义从掌握数据的主体不同出发，将数据分为个人数据、企业数据、政务数据和公共数据。这里的公共数据指的是除了前三个主体以外的其他社会主体采集或者形成的各种数据资源。[①] 另一种公共数据定义则从公私主体划分的角度，将公共数据界定为公共管理和服务机构在依法履职过程中获得的各类数据资源的统称。[②] 后一种观点与立法界定相对应，在理论上也较为可接受。

（二）数据的权属

1. 研究数据权属的必要性

数据权属即数据权利归属于谁，权属仅针对"以财产为标的，以经济利益为内容"的财产权，提到财产权便涉及利益的划分。之所以需要研究公共数据的权属问题，是因为该问题关系到公共数据的开发利用。在权属不明的情况下，对公共数据的利用始终面临法律上的难题，"数据开放不单纯是数据的流动，更是权利的流动、资源的流动"[③]，权属不清则无法充分发挥公共数据的价值，无法挖掘公共数据的经济效益。

---

① 马颜昕等：《数字政府：变革与法治》，中国人民大学出版社2021年版，第217-218页。
② 王勇旗：《公共数据法律内涵及其规范应用路径》，载《数字图书馆论坛》2019年第8期。
③ 曾娜：《政务信息资源的权属界定研究》，载《时代法学》2018年第4期。

2. 相关理论争议

就公共数据的权属问题，学界主要存在两种争议。一种观点主张公共数据属于公产，归全体国民所有，行政主体只是公共数据的支配人，代替全体国民管理、维系数据效用。[①] 另一种观点认为公共数据应归公共行政主体所有。[②] 这两种观点在立法实践中都有所反映，如《福建省政务数据管理办法》规定政务信息资源归国家所有，应纳入国有资产管理，而《广东省政务数据资源共享管理办法》则规定政务数据归政府所有。上述两种观点本质相同，两者一个强调公共数据权利归属于国民，另一个强调公共数据权利属于行政主体，并不构成根本性的冲突。我国政府是由同级人大产生的，是权力机关的执行机关，公共数据权利形式上归属于政府，本质上归属于人民。

对公共数据权属的明晰是开发利用公共数据的前提，但数据权属的实质并不强调对数据本身的归属界定，界定的核心目的是对建立在此基础上的数据的经济利益进行划分。面对公共数据本身的复杂性及相关数据本身附带的人格属性，对公共数据在分类基础上的开发开放，以及平衡保护公众的人格和财产利益才是重点。

二、行政组织一体化：基于数据共享的整体政府

数字政府建设在行政实践过程中体现为组织一体化，其内核即构建以数据为核心的整体政府。整体政府这一学理概念首先由管理学所提出，逐

[①] 吕富生：《论私人的政府数据使用权》，载《财经法学》2019年第6期。
[②] 李海敏：《我国政府数据的法律属性与开放之道》，载《行政法学研究》2020年第6期。

渐影响到行政法学，尤其是行政主体理论。在实践层面，全国多地在各领域展开了以数据共享为基础的跨部门、跨层级、跨区域协作的有益探索，搭建数据共享平台，设立跨行政区域的数据共享组织，满足了公民、法人和其他组织对异地办理各项事务的服务需求。

（一）行政组织一体化

1. 理论基础

（1）行政管理学的理论发展

早期韦伯的官僚制理论在传统的行政管理学中占据主导地位。20 世纪70 年代，公共行政理论开始发生转变，新公共管理运动蔚然兴起。90 年代，随着全球经济的飞速发展，同一事务需要多部门介入处理成为常态，传统的零散式政府部门逐渐不能适应日益复杂的社会事务的发展需求，为了破除政府部门间的合作壁垒，"合作政府"理念发展起来。但这一概念难以解决政府间合作机制以及合作过程中各部门权责划分等问题，"整体政府"的概念应运而生。[①]"整体政府"的具体内涵众说纷纭，"协同政府""跨部门协作"等概念与其具有相似之处。2004 年，澳大利亚在联合政府报告中提出了"整体政府"的定义，认为整体政府体现为一种跨部门协作和联合机构的组成。在学界，整体政府的定义也各不相同，早期有学者认为整体政府是指一种通过横向和纵向协调的思想与行动以实现预期利益的政府治理模式，从追求整体价值、整合式组织形式、鼓励跨部门协同等方面解读整体政府的特征。[②]后来有学者提出整体政府是政府公共服务机构为了实现政府

---

① 胡海波：《理解整体性政府数据治理：政府与社会的互动》，载《情报杂志》2021年第3期。

② 王佃利、吕俊平：《整体政府与大部门体制：行政改革的理念辨析》，载《中国行政管理》2010年第1期。

的共同目标，满足公民需求，以信息技术为手段，协调整合某一领域中不同利益主体，以求为公民提供无缝隙公共服务的一种政府组织模式，从目的、手段、效果等角度丰富整体政府的具体内涵。[①]

传统科层制结构条块分割、部门林立，导致信息传递慢、沟通成本高、本位主义盛行，无法适应信息共享的现实需求，人工智能、大数据等现代信息技术的飞速发展逐渐模糊传统行政组织的边界，进一步突破传统行政组织架构，超越了地域、层级和部门的限制，越来越多的学者对协作治理、协同治理、整体性治理等理论展开研究。第一，关于协作治理。布里森（Bryson）等提出跨部门协作是减少浪费、提高整体效益的重要路径；安思尔（Ansell）和盖什（Gash）就协作治理提出五维分析框架；埃默森（Emerson）等提出全面的"协作治理机制框架"。[②] 第二，关于协同治理。有学者提出协同治理的三个维度，根据协同主体的不同分为"上下"协作、"左右"协同和"内外"合作。[③] 第三，关于整体性治理。佩里（Perri）在其著作中完整提出整体性治理的理论架构，包含治理导向、手段、机制和目的四个层面。[④] 从整体来看，整体性治理、协作治理、协同治理的核心内涵具有一致性，整体性治理在后两者的基础上吸收了网络化治理、数据治理的合理内核，为整体政府概念的发展提供了理论支撑。

综上可知，随着相关理论的丰富和完善，整体政府的概念亦在不断充

① 张楠、赵雪娇：《理解基于区块链的政府跨部门数据共享：从协作共识到智能合约》，载《中国行政管理》2020年第1期。

② 张楠、赵雪娇：《理解基于区块链的政府跨部门数据共享：从协作共识到智能合约》，载《中国行政管理》2020年第1期。

③ 俞晓波：《大数据时代政府信息系统协同运行研究——基于组织结构的视角》，载《电子政务》2015年第9期。

④ 翟云：《整体政府视角下政府治理模式变革研究——以浙、粤、苏、沪等省级"互联网+政府服务"为例》，载《电子政务》2019年第10期。

实和发展，早期整体政府强调政府部门间的合作，或注重政府组织结构的纵横调整以实现部分功能的整合，而后期整体政府概念除包含整体性治理理论外，进一步融入了政府数据治理的理论，重视通过网络技术手段加强政府的整合式运作以满足人民需求，体现出整体性数字政府发展的趋势，逐渐走向政府的整体智治。

（2）行政主体理论的变革

整体政府改革要求政府组织形态从零散化迈向一体化，这对我国行政主体理论具有重大影响。一体化要求各部门间形成各有分工又通力合作的有机系统[①]，而我国行政主体理论注重行政组织的独立性[②]，且赋予政府职能部门等其他组织与政府同等的行政主体资格，导致行政主体职能边界分化，部门间壁垒高筑，难以实现高度协同和一体化发展，与整体政府改革要求相去甚远。此外，在大数据等现代科技支持下，电子政务应运而生，各级政府、各部门与行政相对人的接触方式逐渐由传统的实体对接转向虚拟互动，虚拟化的互动形式模糊了行政组织的边界，将各部门的职能划分隐藏在政务平台之下，向行政相对人呈现出一体化的政府形态，从而实现在职能边界基础上的整体性合作。但这一模式与行政组织的责任独立性相悖，导致行政相对人难以通过政务平台找到真正的责任主体[③]，增加了行政相对人的维权成本，与保护行政相对人利益的初衷背道而驰。因而学者们纷纷对行政主体理论的改造建言献策，目前有修补说、扩大说、法人说、分权说、二元主体说等观点，为我国整体性方向发展的行政体制改革提供了理

---

① 高淑桂、周依尔：《打破行政壁垒，实现长三角社会治理一体化》，载《社会科学报》2018年12月13日第3版。
② 张树义：《论行政主体》，载《政法论坛》2000年第4期。
③ 王敬波：《面向整体政府的改革与行政主体理论的重塑》，载《中国社会科学》2020年第7期。

论基础。[①]

2. 行政一体化改革

我国行政体制改革从精简机构到大部制改革再到综合执法体制改革，无不走在行政一体化改革的路径上。党的十七大便提出要加快行政管理体制改革，推行电子政务，并提出要加大机构整合力度，探索实行职能有机统一的大部门体制，健全部间协调配合机制。党的十八大提出要深化行政体制改革，稳步推进大部制改革，健全部门职责体系。

然而，大部制改革虽有利于整合机构职能，缓解部门主义，但也存在大机构内部协调难度大、条块摩擦大、盲目合并等问题[②]，难以从根本上解决部门职责重叠、难以互通互联给社会公众带来不便等问题。因而从 20 世纪末开始我国行政体制改革开始转向行政权力的结构性配置，即开展相对集中改革并逐渐走向综合行政执法改革，这一过程经历了相对集中行政处罚权、相对集中行政执法权、相对综合行政执法、全面综合行政执法四个阶段，所涉领域从城市管理领域扩大到食品药品安全、资源环境、农业管理、交通运输等其他领域。党的十八届三中、四中全会，十九届三中全会均对深化综合行政执法体制改革提出了新要求，一步步推动改革全面深入各重点领域，实现多领域范围内的职能综合、机构综合和权力综合。[③] 为追求整体性价值，综合行政执法还依靠大数据、云计算等技术进行数字化监管，采取新型执法

---

① 关于行政主体理论改造的观点，参见杨解君：《行政主体及其类型的理论界定与探索》，载《法学评论》1999年第5期；沈岿：《重构行政主体范式的尝试》，载《法律科学》2000年第6期；薛刚凌：《行政主体之再思考》，载《中国法学》2001年第2期；余凌云：《行政主体理论之变革》，载《法学杂志》2010年第8期；王敬波：《面向整体政府的改革与行政主体理论的重塑》，载《中国社会科学》2020年第7期。

② 施雪华、孙发锋：《政府"大部制"面面观》，载《中国行政管理》2008年第3期。

③ 程琥：《综合行政执法体制改革的价值冲突与整合》，载《行政法学研究》2021年第2期。

模式，从而实现数字化转型，有力地推动了我国从碎片化政府转型为整体政府。此外，除综合行政执法改革外，全国开展的多规合一改革、相对集中行政复议权改革等亦从不同角度助力行政一体化的实现。[①]

从目前我国的改革实践来看，行政一体化借助现代信息技术从组织机构的一体化逐步发展为对外虚拟一体化，前者例如行政审批局集中行政许可权，即由单一行政主体独立行使职权，实现职能整合基础上的机构整合，从而实现一体化；后者体现为部门内或者不同部门、不同层级的行政机关通过平台整合实现对外虚拟一体化，即借助现代信息技术整合实现数字政府建设。就外部而言，数个行政主体实现了"一体化"对外，行政相对人只需面对一个技术平台的各个流程，不用直接面对数个职能部门。而就内部层次而言，不同行政主体仍然具有不同的职能划分，行使平台中不同流程所对应的行政职权。后者在更广泛的范围内促进了行政一体化的发展，政府依托技术平台，以实时流动的海量数据为基础提供公共服务，由此对政府数据共享提出了高质量要求。

（二）政府数据共享

行政一体化建设以信息技术为支撑，其面临的首要问题即政府数据共享问题。为跨越部门信息鸿沟，提高行政效率，国家在顶层设计方面为政府数据共享提供支持。2015 年，国务院发布《促进大数据发展行动纲要》，提出"加快政府数据开放共享，推动资源整合，提升治理能力"[②]的任务要求，要大力推动政府部门数据共享，实现多领域信息系统跨部门、跨区域

---

①　2020年2月5日，中央全面依法治国委员会第三次会议审议通过《行政复议体制改革方案》，提出要优化行政复议资源配置，即除垂直领导部门外，由政府统一行使复议权。

②　《国务院关于印发促进大数据发展行动纲要的通知》（国发〔2015〕50号）。

共享，从而为公众提供高水平、高质量的公共服务。2017年，习近平总书记在中共中央政治局第二次集体学习时强调，主动实施国家大数据战略，加快建设数字中国。以数据集中和共享为途径，推动技术融合、业务融合、数据融合，打通信息壁垒，形成覆盖全国、统筹利用、统一接入的数据共享大平台，构建全国信息资源共享体系，实现跨层级、跨地域、跨系统、跨部门、跨业务的协同管理和服务。[1] 从实践层面来看，数据共享从跨部门、跨层级共享开始，逐渐扩展至更大范围的跨地域共享，其服务范围亦从同地办理发展为异地办理，有助于政府更好地满足社会需求，提供社会服务。

1.同地办理：跨部门跨层级的数据共享

我国从"十五"期间开始推进政务信息资源共享[2]，党的十八届五中全会明确提出"推进数据资源开放共享"的要求，"十三五"规划纲要要求"制定政府信息资源管理办法，加快推进跨部门数据资源共享共用"。2016年，国务院出台的《政务信息资源共享管理暂行办法》规范了数据共享范围、共享要求、共享信息的提供与使用、共享信息的监督和保障。[3] 2017年，国家发改委、中央网信办出台了《政务信息资源目录编制指南（试行）》，进一步促进顶层设计层面的数据共享标准化。同年国务院办公厅出台《政务信息系统整合共享实施方案》，提出"各级政府要建立健全政务信息系统，统筹整合政务信息资源共享开放管理制度，加强统筹协调，明确目标、责任、牵头单位和实施机构"，对各级政府发展跨部门、跨层级数据共享提出

---

[1] 《习近平在中共中央政治局第二次集体学习时强调 审时度势 精心策划 超前布局 力争主动实施国家大数据战略 加快建设数字中国》，载《实践（思想理论版）》2018年第1期。

[2] 王芳、储君、张琪敏、张亦琛、赵安：《跨部门政府数据共享：问题、原因与对策》，载《图书与情报》2017年第5期。

[3] 《国务院关于印发政务信息资源共享管理暂行办法的通知》（国发〔2016〕51号）。

明确要求。此外，贵州、重庆、北京、上海、江苏、广东等 22 个省、直辖市相继制定有关政务信息资源共享、政务数据资源共享或公共数据管理的办法、规定或实施细则。南京市、深圳市、广州市等大量市级政府亦制定了有关数据共享的规范性文件，并开展了跨部门、跨层级的数据共享实践，为公众同地网上办理业务提供了便利。

部门数据资料储存在各个部门自己的业务系统中，例如交通运输行业（公路、水路）业务系统就有 700 多套，地方业务系统有 600 余套。[①] 而数据共享需要在诸业务系统之上建设统一共享的数据承载平台，到目前为止，国家层面的政务信息系统整合共享已取得了积极成效，譬如金融行业的数据整合，"十八金工程"所涉及的各部门信息系统借助统一平台实现数据共享，此外，"国家人口基础信息库、法人单位信息资源库、自然资源和空间地理基础信息库"等国家基础数据资源的构建亦实现了有关部门数据资源的整合。[②] 各省市亦在跨部门、跨层级信息共享过程中积累了丰富的实践经验，例如贵州省建成中国首个省级政府数据聚集、共享、开放的系统平台，挂牌运行中国首个国家大数据工程实验室[③]，搭建颇具特色的数据治理框架，为数据共享保驾护航。浙江省为实现"一网通办"搭建"浙里办"政务服务平台作为全省各部门和市区的政务服务入口，此外"浙政钉"这一数字化政务协同管理系统助力实现省、市、县、乡、村五级行政区划在线联动办公，

① 鲍静、张勇进：《政府部门数据治理：一个亟须回应的基本问题》，载《中国行政管理》2017 年第 4 期。

② 叶战备、王璐、田昊：《政府职责体系建设视角中的数字政府和数据治理》，载《中国行政管理》2018 年第 7 期。

③ 安小米、百献阳、洪学海：《政府大数据治理体系构成要素研究——基于贵州省的案例分析》，载《电子政务》2019 年第 2 期。

打破层级间信息共享的限制，是目前全国最大的政务移动办公协同平台。[①]
上海市成立大数据中心，并在"中国上海"门户网上上线"一网通办"总门
户为各市区街道提供统一办事服务平台[②]，打破层级和部门间的限制。

2.异地办理：跨区域的数据共享

在跨部门跨层级数据共享的基础上，不同行政区域的信息数据进行对
接，从而实现区域间的互联互通，为公众提供异地办理的优质服务。在国
家层面，2020年国务院办公厅发布《关于加快推进政务服务"跨省通办"的
指导意见》，为140项政务服务事项"跨省通办"绘制时间表，提出异地办
理的三种业务模式：全程网办、异地代收代办和多地联办。[③]三种模式均
以全国一体化政务服务平台和各级政务服务机构为技术支撑，需要打通数
据共享堵点，提高数据共享支撑能力。在省级层面，随着我国长三角一体
化、珠三角一体化、京津冀一体化、粤港澳大湾区建设等区域一体化战略
计划的实施，多省在不同领域采取了跨省政务服务的改革措施，例如广东
省与北京市、海南省、河南省、江西省政务服务数据管理部门共同签署合
作协议，推进跨区域数据共享应用，目前已经实现四省一市104种电子证
照跨省共享互认。京津冀地区依托区块链数据共享平台推出跨区域数据共
享应用。上海市、江苏省、浙江省和安徽省就区域内电子证照互认达成共
识，三省一市实现相关数据的互联互通。四川省和重庆市推动双城经济圈
住房公积金一体化发展，上线两地信息共享平台；四川省、贵州省、云南

---

① 王芳、储君、张琪敏、张亦琛、赵安：《跨部门政府数据共享：问题、原因与对策》，载《图书与情报》2017年第5期。

② 翟云：《整体政府视角下政府治理模式变革研究——以浙、粤、苏、沪等省级"互联网+政务服务"为例》，载《电子政务》2019年第10期。

③ 《关于加快推进政务服务"跨省通办"的指导意见》（国办发〔2020〕35号）。

省、陕西省、广西壮族自治区、湖南省、重庆市共同设立了7个地区跨区域交通运输数据中心，包括数据管理中心、数据服务中心和数据应用中心，为跨区域业务协同提供数据支持。全国各省、区、市跨区域数据共享平台的搭建实现了让数据多跑路的目标，为公众跨区、跨市乃至跨省异地办理有关业务提供了便利。

　　跨部门、跨层级、跨区域的数据共享除了搭建平台这一技术层面的整合，还需要政府组织层面的调整，解决不同部门和层级的数据所有权、数据管理权和数据使用权的归属问题，以实现数据的科学治理。[①] 近年来，许多省市根据机构改革方案成立或组建大数据管理局、大数据局、大数据管理服务局、大数据应用发展管理局等类似机构协调政府数据共享事务。[②] 有学者梳理了全国220个已经组建数据管理机构的地方政府机关改革方案，发现我国已有17个省（区、市）、203个市（州、盟）组建了专门的大数据管理机构，这些机构有政府直属或部门下设事业单位、重新组建政府工作部门、原有职能部门加挂牌子三种组建方式[③]，实施顶层设计、数据共享管理等职能。为解决跨区域尤其是跨省域数据共享的难题，需要从国家层面进行组织架构实现对各地数据管理机构的管理，或考虑在省际设立跨行政区的共设数据管理机构对跨区域数据共享进行协调。

　　尽管我国在政府数据共享方面已经取得丰硕的成果，但是仍然存在诸多问题。从数据共享平台建设来看，根据不同的项目需要，各部门自主建

[①] 叶战备、王璐、田昊：《政府职责体系建设视角中的数字政府和数据治理》，载《中国行政管理》2018年第7期。

[②] 夏义堃：《论政府首席数据官制度的建立：兼论大数据局模式与运行机制》，载《图书情报工作》2020年第18期。

[③] 门理想：《地方政府数据治理机构研究：组建方式与职能界定》，载《兰州学刊》2019年第11期。

设数据共享平台，由于全国缺乏统一的建设标准，导致各数据共享平台封闭运行，难以衔接，且各地区数据共享平台建设发展水平不一，导致跨部门、跨区域的数据整合十分困难。[①] 在数据共享机制方面，数据共享机关权责不清，共享范围和程序不明，数据共享的质量标准尚未统一，数据共享的安全性和准确性都受到挑战。此外，在数据共享配套机制方面，数据共享的外部环境不够成熟，业务外包管理存在困难[②]，缺乏数据监管机构对数据共享流程进行监督和问责。以上问题需要在后续数据管理和治理过程中不断改进。

三、行政行为自动化："秒批"与"码治理"

近年来随着人工智能技术的不断突破，数字政府建设不断推进，自动化行政也开始兴起。鉴于社会快速发展对提高行政执法效率、强化秩序管理的迫切要求，政府服务事项"秒批"与"健康码"治理这两种典型的自动化行政行为得到了快速推行。对自动化行政进行分析和探讨，应从人工智能在行政领域的具体实践入手，以应对人工智能时代行政法治所面临的理论与实践挑战。

---

① 俞晓波：《大数据时代政府信息系统协同运行研究——基于组织结构的视角》，载《电子政务》2015年第9期。

② 王芳、储君、张琪敏、张亦琛、赵安：《跨部门政府数据共享：问题、原因与对策》，载《图书与情报》2017年第5期。

（一）政务服务事项"秒批"和"码治理"

1. 政府服务事项"秒批"

在政务服务领域，"秒批"模式已获得各地的青睐与认可。2018 年，深圳市政府发布了关于普通高校应届毕业生引进和落户的一项工作方案，其中采用"无人干预自动审批"的行政审批方式，率先推行"秒批"模式。[①] 目前，深圳市已经在高校应届毕业生引进落户、高龄老人津贴申请、企业投资项目备案等 200 多个事项上实现了"秒批"。在优化营商环境的大背景下，国内许多地方也逐步推广这种新的审批方式，以实现行政审批服务再次提速。

所谓的"秒批"，是指行政主体事先根据审批的条件和流程设定自动化程序，申请人提交申请信息后，系统将通过自有的和共享的数据库自动比对以及核验材料，无人工干预地瞬时完成自动审批并将结果反馈给申请人，完成审批流程。不同于过去已经成熟的半自动化行政行为，"秒批"程序进行过程中毫无人工干预，将自动化程序推上了一个新的级别，构成了无人工干预的完全自动化。

2. "码治理"

2020 年，新冠肺炎疫情期间，由于传染病具有突发性、隐蔽性和易传播性等特点，各地人民政府与互联网技术企业合作发布了各种版本的健康码，要求所在地区人员申领，并将该码作为是否采取隔离措施、限制使用交通工具、限制进出公共场所以及批准复工复产复学的判断依据，以健康码为代表的数据治理方式正式进入公众生活。健康码由个人提交的各类信

---

① 马颜昕：《自动化行政的分级与法律控制变革》，载《行政法学研究》2019年第1期。

息和后台的公共大数据自动比对而成，红码、黄码和绿码作为可视化的结果代表了个人的疫情风险等级，依托健康码不仅有利于政府在疫情防控和常态化管理中做出各种宏观决策，也有利于行政机关在个案中精准执法。[①]

　　健康码经由机器自动化决策生成，行政机关先将评判标准程式化，然后相对人在线提交信息并申请，最终由系统自动分配不同颜色标识的二维码。在过程上，健康码的生成是自动完成的，且由行政机关主导，服务于行政目的，因此可归属于自动化行政。健康码的生成是基于算法对现有个人信息的形成性分析评价[②]，并未直接引起行政法律关系的产生、变更或者消灭，所以健康码的自动生成属于全自动行政事实行为。

　　基于健康码背后用户大数据的价值，一些地方政府和运营平台对健康码的功能进行了拓展，如杭州已实现健康码与市民的电子健康卡、电子社保卡的互联互通；广东一些城市的"健康码"小程序也开通了口罩预约等便民服务。[③] 由此可见，"码治理"以其无可比拟的优越性正在不断深入地方治理的具体实践中。

　　然而，依托大数据与人工智能的行政行为自动化，在具体操作中亦引发诸多争议，治理层面的有效性并不能证成其规范上的合法性，实践中层出不穷的自动化行政的运作机理和法律性质，仍需要回归行政法予以明晰。

---

① 查云飞：《健康码：个人疫情风险的自动化评级与利用》，载《浙江学刊》2020年第3期。
② 张运昊：《论信用行政评价的属性及其司法控制——一种后果取向的分析视角》，载《政治与法律》2020年第2期。
③ 方兴东、严峰：《"健康码"背后的数字社会治理挑战研究》，载《人民论坛·学术前沿》2020年第16期。

（二）自动行政行为的理论证立

随着智能电子政府的不断发展，自动化行政开始兴起。目前，实践已不局限于半自动化，完全由机器做出的全自动行政行为日益涌现。理论上，自动行政行为根据人工介入的程度可分为半自动和全自动行政行为。

1. 半自动行政行为的立法规范

半自动行政行为虽借助电子技术和设备，但在行政程序过程中仍需人工介入。因电子技术与设备的辅助性应用，半自动化行政的法律性质变化不大，故其理论障碍较小，已获得我国立法的认可。相关立法可大致分为三种类型：第一为电子沟通类，例如《食品安全法》第一百十五条要求主管行政机关公布电子邮件接受咨询、投诉、举报，公民、法人或者其他组织可用此种方式与行政机关交流沟通。第二是电子告知或送达类，例如《商标法实施条例》第十条允许商标局或者评审委员会通过数据电文将各种文件送达当事人，条件是必须得到当事人的同意。最为常见的情况是第三类，即电子申请或申报类，例如《行政许可法》第三十三条鼓励行政机关推行电子政务，行政机关应当在网站上公布行政许可事项，相对人可根据《行政许可法》第二十九条以电子数据交换和电子邮件等方式提出许可申请；另外，在政府信息公开领域，申请人也可依据《政府信息公开条例》第二十条采用数据电文形式向行政机关申请信息公开。①

随着电子技术和设备的普遍应用，实践中大量的行政行为都已经半自动化，通过立法进行认可与规范十分必要。相较而言，全自动行政行为因完全脱离人工因素的介入，尚未获得我国法律的承认。

① 查云飞：《人工智能时代全自动具体行政行为研究》，载《比较法研究》2018年第5期。

2. 全自动行政行为的理论证成

全自动行政行为，是指行政主体直接依靠电子技术和设备，根据事先设定的算法和程序，从行政程序开启直到结束整个阶段完全排除人工的行政行为。目前广泛应用的"秒批"与"码治理"模式都属于这一类型。实践中虽已形成了全自动行政现象，但尚未取得充分的学理支持。

在域外，德国是第一个对全自动行政行为进行立法的国家，其于2017年第五次修改了《联邦行政程序法》时引入"全自动做出的具体行政行为"条款，在税法和社会法领域进行相应的现代化调整，切实推进电子政务和行政现代化的实现。[①] 通过对德国立法规定的理论探讨，可以加深对我国相关制度的认识。

首先，全自动行政行为仍包含意思表示要素。不同于民法上的意思表示，行政法上的具体行政行为并不考虑行政机关和工作人员的内心意思，仅从是否对相对人权益直接产生影响的角度推定行政机关的意思。[②] 进而言之，在全自动行政行为中，行政机关仍是行政程序的事先设计者，负责电子设备和电脑程序的采购，并提前设计流程、输入数据或提供表单。因此，行政机关的意思仍由行政机关形成并通过机器表达，由此对相对人的权利义务产生影响。

其次，不确定法律概念和裁量情形并不完全排除全自动行政行为的做出。德国立法者在《行政程序法》第35a条引入全自动具体行政行为时秉持谨慎态度，排除了不确定法律概念和裁量情形。不确定法律概念包括事实

---

① 查云飞：《人工智能时代全自动具体行政行为研究》，载《比较法研究》2018年第5期。

② 余军：《"行政处分"与"民事法律行为"之关系——作为规定功能的法概念法学》，载《法学》2007年第7期。

性不确定法律概念和价值性不确定法律概念两种①，在个案具体化中体现出不明确性。一方面由于立法者客观上无法预知未来之情形，另一方面立法者可以给行政机关弹性适用空间，故不确定法律概念在立法明确原则下仍有存在空间。不可否认，不确定法律概念必然涉及行政机关的主观认识，在个案中行政机关能够结合各种要素予以解释并具体化抽象的法律规定，而机器能否完成不确定法律概念的具体化仍值得怀疑。与此相对应，裁量意味着在法律后果部分行政机关对不同处理方式有选择可能。为达成个案中的利益衡量与情况判断，行政机关必然存在一定的裁量空间，而全自动的电子设备能否胜任裁量工作同样令人担忧。

如果在不确定法律概念和裁量情形下可以确保个案正义、实现抽象法律的具体化，则应当允许全自动行政行为的适用。只要行政可以自行进一步压缩裁量范围，设定更加细化的裁量基准，按不同的具体情形并参考各种重要因素，将裁量基准在电脑程序中予以设定，使得裁量行政中的不确定性予以消除，在同案同处理和个案处理之间保持适当平衡，那么行政机关依赖全自动设备做出具体行政行为也未尝不可。

最后，做出全自动具体行政行为仍存在实质界限。2001年德国《联邦数据保护法》规定了"人工介入要求"条款，在原则上禁止全自动进行有关人格特征的评判（例如征信）。但此要求有两个例外：一是，在某个法律关系框架内（例如合同关系）预先获得权利人的同意；二是，数据责任机关告知相对人并且通过适当措施能保护数据权利人的正当利益。面对机器全自动处理分析评价个人信息的可能，德国《联邦数据保护法》防止信息权利

---

① 王贵松：《行政法上不确定法律概念的具体化》，载《政治与法律》2016年第1期。

人被客体化，预防其在不知情的情况下承担不利法律后果。据此可以推定，在给付行政情形下，应当允许全自动具体行政行为；全自动程序越有可能给相对人的权利造成严重损害，则越应当在原则上予以禁止；若取得相对人的预先同意，或在行政机关告知相对人并能保障其权益的情况下，可以例外允许使用全自动程序。

综上，在现阶段，自动化行政应当主要适用于那些事实比较简单、清晰，易于数据化、要素化、类别化的事项，对于复杂的，需要调解和沟通的事项，则应当审慎适用。然而，无论哪种方式，自动化行政都不可避免地要借助人工智能进行大数据研判，不但会产生信息、数据收集以及处理的错误风险，还可能对个人隐私与数据保护造成侵扰，算法不透明同样易引发风险。因此，在对自动化行政进行法律控制的同时，应考虑传统的法律规范被算法替代的潜在危机，在行政法理论框架下进行制度重构。

（三）自动化算法的法律规制

1. 算法权力的产生

在审视行政领域中运用越来越多的自动化决策系统时，不难发现，传统行政程序在人工智能的适用场景中失去了原有的效用。无论是政务服务事项"秒批"还是在疫情防控中广泛使用的"健康码"，均以计算机为载体执行程序。计算机程序是由程序开发人员使用某种程序设计语言编写的以代码形式表示的能够为计算机识别并予以执行的指令集合。[1] 在自动化行政中，法律能够很方便地编译到代码中去，高效地实现行政治理目标。

而根据计算机科学界的理解，计算机程序的核心是"算法"，它是连接

---

[1] 郭哲：《反思算法权力》，载《法学评论》2020年第6期。

解决实际问题的方法与计算机可以运行的程序的中间桥梁。在人工智能的发展浪潮中，如何对数据进行算法上的分析成为最为重要的环节，可以说，由源源不断的数据驱动的算法已成为新的权力代理人。在数字政府建设的背景下，行政法需要关注的算法，不仅仅指行政机关实施自动化决策时所运用的算法，还包括那些对社会有着巨大影响的私营机构使用的算法。① 随着数字经济的发展，政府和私营机构的合作一步步改变了现代社会的权力形态。依托超大规模的用户数据与数字化技术，超级权力正不断形成与演变，而这种权力实质上就是算法权力。

2. 自动化算法的潜在风险

目前，算法的"黑箱化"趋势日趋明显。由于政府需要依赖私营部门（数据巨头）提供算法系统并长期进行维护和改造，私营部门竭力掩盖其使用的算法，以实现相关技术领域的垄断，并借口"商业秘密"或"国家安全"达到最大限度操控个人和社会的目的。② 为避免黑箱社会的形成，法律应当尽可能揭开算法的面纱，使其透明化。然而，算法需要从求解方案的抽象描述转变为一个清晰的指令集合，并且这些指令需要用某种程序设计语言来表示并经编译程序处理为机器能够识别的二进制语言。这导致自动化决策系统从生成开始就伴随着难以消解的风险。

其一，智能机器也无法避免出错。在设计算法的过程中，设计者无法抽象出能够囊括现实世界所有复杂因素和人类交流上所有细微差异的模型，总有些信息会被遗漏。那么，基于有缺陷、不完整或者错误的数据结构建

① 刘东亮：《技术性正当程序：人工智能时代程序法和算法的双重变奏》，载《比较法研究》2020年第5期。
② 张凌寒：《算法自动化决策与行政正当程序制度的冲突与调和》，载《东方法学》2020第6期。

立起来的算法，不可避免会在运行中出现错误。

其二，智能机器存在"算法歧视"。算法并不是客观中立的，算法的"客观"只是经由数学语言所展示出来的表象①，其中存在着诸多隐秘的歧视与偏见。而最为常见的是既存的偏见，即社会文化和制度中既存的偏见，这些偏见会嵌入程序指令，借助人工智能系统使带有主观恶意、商业目的或非法目的的"偏见"得以增强与放大。与此同时，自动化决策因其无与伦比的迅捷性，使很多人误以为，自动化决策在任何情况下都可以提供比人类判断更好的结果。此种观念在客观上会强化"智能机器"的错误决策，使个体的正当权益受到更为严重的损害，具有更大的社会危害性。

其三，自动化决策系统难以有效解决裁量问题。毫无疑问，裁量权具有实现个案正义的巨大价值。引入自动化行政在一定程度上可以规制裁量权滥用的现象，但自动化决策的泛化仍然是矫枉过正。由于算法的确定性特征，自动化决策系统无法像人类一样结合具体情境选择最妥当的决策方案。即使通过不断细化裁量基准能够弥补自动化行政的部分缺陷，现有的自动化决策系统仍面临艰巨的技术挑战。

此外，自动化决策在带来便利和功效的同时，也陷入权利保障的困境。人工智能等新技术条件在扩展行政法边界的同时，也给传统的正当程序与权利救济体系带来冲击和挑战。因此，有必要对自动化行政进行法律控制，不仅要确立以数据权保护为核心的宗旨，还需建构公开、透明且具有可救济途径的程序，确保自动化行政的正当性，推进依法行政，增进权利保障并促进社会效益的增加。

---

① 孙清白：《人工智能算法的"公共性"应用风险及其二元规制》，载《行政法学研究》2020年第4期。

3. 自动化行政的法律控制要素

在主体上，应厘清人工智能和人类的关系。在政府治理过程中，人工智能主要是政府的治理手段和工具，其目标在于实现行政活动的数据化和电子化，为政府的决策、规划、政策制定以及立法等提供数据分析与支持。[①] 在半自动行政中，人工智能可被看作人类的代理者，代替人类来进行相关的服务。在以搜集信息为目的的自动化行政中，法律关系上主要围绕数据实际的拥有者以及数据主体展开，故应当赋予单纯依靠自动化的违法决定撤销或者无效的法律后果。在技术上，可以通过设定一定的参数等，来补充特定情形下人工的裁量情形。此外，可以探求相关措施，保证行政领域的特殊性弹性地进行。

在内容上，应以数据权保护为核心。在大数据时期，个人信息的收集更为迅捷，由此更容易产生隐私侵扰问题。因此，需要考察数据收集、处理的合法性以及合理性；此外，仍需考虑数据的合法、合理利用，最后落实到数据赋权，尤其以数据隐私权为核心的保障之上。在当下，仍应避免数据的过度开发和滥用。

在程序上，应建构公开、透明且具有可救济途径的程序。出于效率的考量，自动化行政省去了听证、说明理由等重要程序内容，由此产生的程序问题可回归传统的程序保障路径而予以解决。在全自动行政程序中，若情况复杂则不能免去听证义务，但像征税这种停留在简单重复作业层面的全自动具体行政行为则可以免除听证义务。为避免行政机关在所有情形下都依赖电脑程序，对相对人所提交的数据交由机器完全处理，行政机关应

---

① 胡敏洁：《自动化行政的法律控制》，载《行政法学研究》2019年第2期。

考虑自动程序之外的个案相对人的重要事实状况，以此实现行政效率和参加人程序权利的平衡。

在人工智能时代，法律体系中的更多问题集中在如何确保自动化行政的公平、合法。围绕着自动化行政提高效率、提供程式化和便捷等优势，既有行政法秩序也应当进行适当的补充与修正，以更加积极的态度应对新兴技术的挑战与冲击。

四、行政程序效能化：以法治为基准

政府的数字化转型对行政程序而言，最明显的表征便是效能的大幅提升，尤其是"最多跑一次"改革。行政程序是行政机关作出行政行为时所应当遵循的步骤、方式、时空等要素构成的一个连续过程。[①] 这对于制约和规范行政权力运行、保障公民合法权利无疑具有十分重要的现实意义。在数字政府建设过程中，行政效能与行政法治对相对人的权利保障不容忽视，尤其是行政程序效能化更要以法治为基准。

（一）"最多跑一次"改革

2018年5月23日，中共中央办公厅、国务院办公厅印发了《关于深入推进审批服务便民化的指导意见》，浙江省"最多跑一次"改革作为典型经验之一面向全国推广。[②] 从目前来看，虽然"最多跑一次"最早作为浙江省域层面推进的一项"放管服"改革，但其已经在全国范围内产生重要影响，

[①] 章剑生：《现代行政法总论（第2版）》，法律出版社2019年版，第215页。

[②] 参见《关于深入推进审批服务便民化的指导意见》，载中国政府网：http://www.gov.cn/zhengce/2018-05/23/content_5293101.htm，2021年3月5日访问。

并取得了一系列的实践经验和改革成效。

　　浙江省重点通过推行"一窗受理、集成服务",梳理公布"最多跑一次"事项,推进便民服务、投资审批、市场准入等重点领域改革,建立"12345"统一政务咨询投诉举报平台,推动"最多跑一次"改革向事中事后监管延伸以及打破信息孤岛实现数据共享等改革措施,从而实现"最多跑一次是原则、跑多次为例外"的改革目标。为了全面推动"最多跑一次"改革,浙江省已经初步形成了相应的组织保障和制度保障措施。例如,由各级政府和省级有关部门主要领导作为"最多跑一次"改革的第一责任人,《浙江省保障"最多跑一次"改革规定》《政务办事"最多跑一次"工作规范》《加快推进"最多跑一次"改革实施方案》《一窗受理、集成服务》等相关配套制度规范也相继出台。这体现了整体政府的理念与实践,突出强调以人民为中心,把人民群众的获得感、满意感作为评判改革成效的标志,"最多跑一次"改革形成了整体政府的改革新模式,有效提高了行政效率,撬动了经济社会体制的全面变革。[1] 就后者而言,随着"最多跑一次"改革的持续深入推进,其改革成效日益凸显。单从数据来看,经第三方评估,浙江"最多跑一次"改革实现率已经达到87.9%,而群众满意率也已经达到94.7%。[2] 在这一数据背后,实际上是地方政府通过自我革新,建设服务型、效能型、整体型政府,从而推动国家治理体系和治理能力现代化。可以说,"'最多跑一次'改革正在撬动政府职能归位、规范政府权力运作、倒逼政

---

[1]　郁建兴、高翔:《浙江省"最多跑一次"改革的基本经验与未来》,载《浙江社会科学》2018年第4期。

[2]　贾世煜:《浙江省委书记车俊:"最多跑一次"改革实现率已达87.9%》,载《新京报》2018年3月8日第6版。

府流程再造、推动数字型政府建设"①。

　　总体而言，"最多跑一次"改革有效助力现代政府提高行政效率，转变政府职能，提升整体治理能力和水平，以及降低制度性交易成本。然而，"最多跑一次"改革依然面临一些问题与挑战。比如，地方领导自上而下的推动极易使"最多跑一次"改革陷入运动式治理模式的窠臼；再如，"最多跑一次"改革依托于"互联网＋政务服务"和大数据，从而打破信息孤岛实现公共数据整合和共享，然而，在此过程中存在严重的信息数据安全风险问题。以上改革和实践中出现的问题与挑战，均需通过体系化的制度构建予以克服和消解。

（二）行政法上的效能原则

　　"最多跑一次"改革作为现代政府推进国家治理体系和治理能力现代化的有效途径，正通过运用"互联网＋政务服务"和大数据，整合、优化行政审批程序，从而在整体层面促进行政程序效能化。从行政法视角观察，虽然行政效能原则是否可以成为一项行政法的基本原则尚存在争议，但随着行政体制改革实践的深入以及学术理论研究的发展，行政效能原则越来越被学术界和实务界所接受和认可。"行政法的根本目的和任务，就是要通过行政法治，实现对行政权的规范，注重提升行政活动的效能性，以最大限度地保护公民权益为宗旨目标。"②《法治政府建设实施纲要（2015—2020年）》也明确把"廉洁高效"作为法治政府建设的总体目标之一，并在依法全面履行政府职能，完善依法行政制度体系，推进行政决策科学化、民主

---

① 　赵光勇、辛斯童、罗梁波：《"放管服"改革：政府承诺与技术倒逼——浙江"最多跑一次"改革的考察》，载《甘肃行政学院学报》2018年第3期。
② 　应松年：《关于行政法总则的期望与构想》，载《行政法学研究》2021年第1期。

化、法治化，严格规范公正文明执法，强化行政权力制约、监督，化解社会矛盾纠纷，提高政府工作人员法治思维和依法行政能力等主要任务和具体措施中，提出"效率"或"效能"要求。因此，有学者认为，行政效益原则或效率原则应作为行政法的基本原则之一，是指"行政法律制度以及管理行为要以较小的经济耗费获取最大的社会效果"[①]。也有学者认为，行政效能效率原则要求行政机关以尽可能少的行政成本获取最大限度的行政目标，可通过行政组织法制体系、合理的程序设置、新的科技手段广泛应用以及建立规制（监管）影响分析制度实现行政效能效率。[②] 基于此，更有学者对行政法上的行政效能原则做了专门研究，从现代公共行政的制度建构和法规范适用功能出发，认为"市场或社会自治优先原则和管理或服务制度的效益最大化原则"是效能原则在制度建构论上的规范内涵，而"行政手段有效性原则和行政手段效益最大化原则"是其在法适用论上的规范内涵。[③] 此外，在"行政法总则"制定的时代背景下，将行政效能原则写入"行政法总则"的呼声越来越高。这不仅具有一定的正当性基础，而且还有利于推进服务型政府建设，提升现代政府治理能力。为了使行政效能原则具有详细的法律规范表达，有学者将该原则具体表述为"行政机关实施行政行为，应当坚持高效便民，遵守法定时限，减少行政成本，充分应用现代信息技术，提高行政效能，为公民、法人和其他组织提供优质服务"[④]。

综上所述，我们可以发现，行政效能原则蕴含着丰富的价值内涵，并

---

① 薛刚凌：《行政法基本原则研究》，载《行政法学研究》1999年第1期。
② 李洪雷：《行政法释义学：行政法学理的更新》，中国人民大学出版社2014年版，第108-109页。
③ 沈岿：《论行政法上的效能原则》，载《清华法学》2019年第4期。
④ 周佑勇：《行政法总则中基本原则体系的立法构建》，载《行政法学研究》2021年第1期。

有其存在的独特功能及现实必要性，但如何明确、实现行政效能原则的具体内容和体系化制度构建才是问题关键所在。总的来说，行政效能原则已经贯穿于行政权力运行的整个过程，现代行政权不仅要合法运行，而且还要有效运行。如此，才有可能满足现代社会的行政任务需求。虽然"最多跑一次"改革只是行政现代化的一部分，但其仍然是一项长期性的、全局性的改革。其中，既涉及职能改革和机构改革，也涉及地区改革和程序改革。可以说，"最多跑一次"改革"掀起了涉及整个政府体系和政府运行机制的大变革"，并"打造了更有效率的政务生态系统"。[①] 其直接目的就是"提高行政效能"，即提高行政目的的实现水平及其经济效益性。例如《浙江省保障"最多跑一次"改革规定》第一条就规定，依法推进"最多跑一次"改革就是为了"提高行政效能，优化营商环境，建设人民满意的法治政府和服务型政府，推进国家治理体系和治理能力现代化"。

（三）效能导向下行政程序的法治化路径

行政程序的法治化，即行政程序法定，是指行政机关在实施行政活动时所应遵循的方法、步骤和时限等构成的一个连续的、互相交涉的过程。其内容不仅包括"行政程序应由法律法规规定"，还包括"行政机关不得在成文法规定的程序之外自行增加程序"。[②] 简言之，就是行政机关如何合法正当行使行政权力。同时，随着"最多跑一次""数字政府""不见面审批""一网通办"等行政体制改革的深入，现代行政的效能导向愈加明显。在行政程序中，行政效能主要体现在行政程序的统一性和简化性。然

---

① 翟云：《整体政府视角下政府治理模式变革研究》，载《电子政务》2019年第10期。
② 杨登峰：《行政程序法定原则的厘定与适用》，载《现代法学》2021年第1期。

而，为了实现行政效能，行政程序的简化并非没有限制，需符合最低限度的程序要求，即符合行政法的正当程序要求。行政程序正当性的三项最低要求——程序中立性、程序参与性和程序公开性。行政机关在行政活动中应遵循避免偏私、行政参与和行政公开三项基本内容。① 总而言之，行政程序效能化要以法治为基准，达成一个既有效又有限的现代行政权力运行模式。因而，效能导向下行政程序的法治化路径应在严格遵循行政法治原则的前提下，实现行政效能与行政程序的有机统一。

第一，探索建立行政案件程序繁简分流制度。为了应对现代社会的复杂性和风险性，采取多元化的行政行为方式已经成为现代政府回应社会需求的必然选择。加之，当前行政案件数量不断上升，类型也越来越多样化，行政机关已经无力严格遵循统一、烦琐的行政程序而作出行政决定。为了提高行政效能和效率，行政机关可根据行政行为类型及其对相对人合法权益所造成的影响程度，实行行政程序繁简分流制度。对于一些简易的案件，即事实清楚、权利义务关系明确、争议不大的案件，可以适用简易程序，并采取灵活多样的方式。例如，《行政处罚法》第五十一条就规定，对于"违法事实确凿并有法定依据，对公民处以二百元以下、对法人或者其他组织处以三千元以下罚款或者警告的行政处罚的，可以当场作出行政处罚决定"。这就是行政处罚行为的简易程序适用。而对于一些重大、复杂、疑难、专业性强的案件，依然需要适用普通程序，并采取正式听证的方式。正如学者所言，"只强调公正，牺牲效率，难以满足时代的需要；而仅追求效率，忽视公正，不利于对公民自由、权利的保护，与行政法的目的相左"②。

---

① 周佑勇：《行政法的正当程序原则》，载《中国社会科学》2004年第4期。
② 薛刚凌：《行政法基本原则研究》，载《行政法学研究》1999年第1期。

第二，通过清单模式明确行政决策程序的具体适用范围。虽然不同行政行为类型会存在行政程序适用的差异性，但一些重大行政决策的程序适用依然需要明确，不能仅仅为了追求行政效能和效率，而忽视行政程序过程的独特价值和功能。然而，现有的重大行政决策范围还比较模糊，现实中一些影响"重大公共利益或者社会公众切身利益"的行政决策并没有纳入行政决策程序。因而，就需要通过清单模式明确行政决策程序的具体适用范围。目前，国务院已经出台《重大行政决策程序暂行条例》，用以规范重大行政决策程序，提高决策质量和效率。该条例第三条第一款就明确列举了五类决策行为："（一）制定有关公共服务、市场监管、社会管理、环境保护等方面的重大公共政策和措施；（二）制定经济和社会发展等方面的重要规划；（三）制定开发利用、保护重要自然资源和文化资源的重大公共政策和措施；（四）决定在本行政区域实施的重大公共建设项目；（五）决定对经济社会发展有重大影响、涉及重大公共利益或者社会公众切身利益的其他重大事项。"可以说，以上行政决策行为必须严格遵循条例程序规定，且需要经过决策草案形成、合法性审查和集体讨论决定以及决策执行和调整等环节。虽然这些行政程序在行政过程中或许增加了行政决策成本，降低了行政决策效能，但其在侧面也实质性促进了行政决策的可接受性和科学性，提高了行政效能。由此可见，行政效能与行政程序完全有可能实现有机结合。

第三，规范行政执法程序。行政执法行为涵盖范围广泛，主要包括行政处罚、行政许可、行政强制、行政征收以及行政检查等。一般来说，这些行为对相对人的合法权利具有较大影响，并且需要行政机关遵循行政执法程序。实践中，为了严格规范行政执法程序，提高社会对行政执法的满意度，行政机关已经在执法过程中全面推行行政执法全过程记录制度、行政执法信息公示制度以及重大行政执法决定法制审核制度。可以说，行政执法"三项制度"的推行，既提升了行政机关的执法能力和水平，又保障了行政相对人的知情权、参与权、表达权和监督权，从而有效实现了行政执法公正与效率的统一。此外，还需要建立行政执法权限协调机制和异地行政执法协助制度。如此，可在解决行政机关之间的执法权限争议的同时，提升行政机关的执法效能。尤其是随着综合行政执法体制改革的深入，更加强调行政执法权的科学合理配置以及综合行政执法的高效协调配合。因而，综合行政执法改革要遵循合法原则，权责统一、精简、高效原则，协调配合原则，稳步有序推进原则和有效监督原则。① 可见，在行政效能导向下，行政执法程序正在全方位变革，以适应政府改革的发展趋势。

---

① 张利兆：《综合行政执法论纲》，载《法治研究》2016年第1期。

CHAPTER 4

| 第四章 |

智慧法院与审判能力现代化

智慧法院就是新一代信息技术同司法深度融合的产物。尽管改革时间不长，但智慧法院在技术开发与应用方面已取得较大进展并对法院的运行产生越来越大的影响。深度总结智慧法院建设经验与教训，并科学预判未来发展路径，是当前一项重大的科学命题。整体而言，我国智慧法院建设所设定的目标带有明显的承上启下的特征。承上是指继续深化持续 30 多年的法院信息化改革。启下是指最高人民法院对智能化建设提出了有限且基本的要求，这仅是智慧法院建设的开端。未来通过各地法院的自主积极探索，司法智能开发和应用的创新不断涌现时，顶层设计的目标将得以适时更新。2017 年起，杭州、北京和广州互联网法院的先后设立，开启了智慧法院建设集中试点的尝试。三家互联网法院为代表的地方法院开始由单纯的前沿信息技术应用逐步扩展到诉讼规则改造上，并取得了显著的成效。未来智慧法院建设应当加快前沿技术的司法应用，坚持官方与市场的双轮驱动并适度集中研发力量的投入。

一、智慧法院建设的先行探索——互联网法院

　　法院的智能化是我国社会治理智能化建设的重要组成部分，也是启动

最早、推进最为迅速的环节。①2017 年 4 月，最高人民法院发布《关于加快建设智慧法院的意见》，对未来智慧法院建设进行了全面、系统的规划。该意见指出，建设智慧法院，就是要构建网络化、阳光化、智能化的人民法院信息化体系，支持全业务网上办理，全流程审判执行要素依法公开，面向法官、诉讼参与人、社会公众和政务部门提供全方位智能服务。近年来，智慧法院的建设已在全国范围内展开。各地法院积极开展智能装备的研发和应用，出现了一些效果良好的智能应用。杭州、广州和北京互联网法院相继成立后，就成为我国探索人工智能与司法深度融合的先行者。

（一）法理基本命题：科技和法律的关系

科技和制度（法律）的碰撞是贯穿于人类社会始终的基本命题。②这一命题绵延久远，在不同的时代有不同的表现形式。如今，随着科技发展的日新月异，科技对人类社会的改造作用越来越大，在此大背景下，厘清科技与法律的关系具有十分重要的理论和实践意义。学者们较为一致的看法是科技的发展应受到法律的制约。他们的争议焦点在于，科技是否可以能动地影响、调整甚至重构法律？迄今为止，中外法学界对于法院信息化、智能化的研讨已持续较长时间，近年来学术关切的重点转移到司法智能化等前沿问题。总体而言，目前相关研究成果主要集中在法律与科技的关系、法院信息化的沿革与新进展、人工智能与司法融合的问题与出路等，而互联网法院的建设则是具有集大成效果的学术研讨对象。

---

① 芦露：《中国的法院信息化：数据、技术与管理》，载《法律和社会科学》2016年第2期。
② Sapiens, Yuval Noah Harari, A Brief History of Humankind, London: Vintage Books, 2015, pp. 307−311.

法律与科技的关系是互联网法院建设的深层次法理基础。只有深刻认识这一关系，才能在正确的道路上开展智慧法院的建设。20万年前最后一批走出非洲的智人不仅熟练掌握了使用火种的技巧，而且还不断开发新工具，这使得人类逐渐以氏族的形式聚居起来，朴素的氏族习惯法得以诞生。如果我们把这一开创性的普遍事件视作人类第一次尝到技术进步的甜头并催生了复杂的社会制度，那么我们可以确信，科技和制度（法律）的碰撞是贯穿于人类社会始终的基本命题。[①] 这一命题绵延久远，在不同的时代有不同的表现形式。

法学界对于法律与科技之关系的看法既有共识也有分歧。部分学者认为法律与科技问题已成为法理学的重要命题。[②] 科技对法律制度的发展有着重要的推动作用。随着科技的发展，人们能够正确地认识事物之间的因果关系，从而革除了许多荒谬的法律制度。现代科技的发展极大地扩展了法律制度的调整范围，创造了新的法律制度，如18世纪后英国要式契约的普及与造纸业和印刷业的发展有直接关系。尽管科技对法律的影响越发显著，但还是有学者认为这类影响不具有法理学研究的独立意义，主要原因在于科技对于法律的影响与社会领域其他现象对于法律的影响相比，并未显现出根本性的不同。[③]

法律与科技是西方法学界长期关注的命题。20世纪90年代以来，互联网技术的发明和广泛应用使得这一命题再度引发广泛的学术关注。1995年，在一场关于互联网法的学术会议上，时任美国联邦第七巡回法院法官

---

① Sapiens, Yuval Noah Harari, A Brief History of Humankind, London: Vintage Books, 2015, pp. 307-311.

② 沈宗灵主编：《法理学》，高等教育出版社1994年版，第254-269页。

③ 苏力：《法律与科技问题的法理学重构》，载《中国社会科学》1999年第5期。

的弗兰·伊斯特布鲁克 (Frank Easterbrook) 发表了与众不同的观点，他认为互联网法本身是一个伪命题。尽管互联网空间越来越重要，但是这类事务和当年马匹的法律并没有本质的区别，不应为互联网或者马匹创设专门的法律规范，而是应该用现有的一般性规范去解决互联网空间中的问题。①伊斯特布鲁克法官的发言无疑是给热议互联网法学的与会学者泼了冷水。

随后，美国互联网法学的代表人物，哈佛大学法学教授劳伦斯·拉希茨 (Lawrence Lessig) 撰文对伊斯特布鲁克法官的观点进行了反驳。拉希茨认为规制人类行为的主要方式有四种，分别是道德、法律、市场和架构（infrastructure）。而互联网正是通过改变架构，进而对人类行为产生整体上的重大影响。简而言之，一方面，互联网的兴起极大地影响了传统法律规则的规制效果；另一方面，网络架构本身将成为有效的规制工具。②由此构成互联网空间的基本元素——代码，就获得了如同法律一般的效力。也许对于未来的人类而言，现阶段的法律制度不过是他们眼中拙劣的代码而已。由此而言，互联网的发展将给现行法律制度带来重大变革。

随着人工智能与社会生活的加速融合，部分法理学者试图探讨未来智能时代法律的根本变革。高全喜教授撰文指出未来将出现的是具有自主强大学习能力的人工智能主体和丰富多元的虚拟世界。在此变革下，以人类中心主义为主要特征的传统法律观将崩塌，代之以去中心的或多中心的法律观。人类不再是"万物的尺度"，而在新兴的虚拟世界中，多元主体自生

---

① Frank H. Easterbrook, "Cyberspace and the Law of the Horse", the University of Chicago Legal Forum, 1996, pp.207-216.

② Lawrence Lessig, "The Law of the Horse: What Cyberlaw Might Teach", Stanford Technology Law Review, Vol 113, No.2, 1999, pp.501-546.

和自我演化，这将与人类中心主义的主导价值形成很大的紧张关系。[①] 齐延平教授也认为人工智能时代传统国家功能将发生重大调整，对个体自由和权利的主要威胁将是横向的力量而非纵向国家权力，国家、公民、社会三者的关系亟待重构。在技术全面控制社会生活的时代，人—人的传统关系模式将被人—技术—人的关系模式所取代。[②]

（二）互联网法院的战略定位

近年来互联网的运用拓展了社会经济的广度和深度，提升了人们社会经济交往的活跃度，这也导致涉网纠纷开始不断涌现，给法院审判工作带来很大的压力。由于涉网纠纷的剧增而带来的案多人少的压力在杭州地区法院体现得尤为明显。以淘宝网平台纠纷为例，2016 年淘宝平台共产生网上购物等纠纷 700 多万件，而同期我国各级法院受理的案件总数为 1939.5 万件。[③] 虽然绝大部分淘宝网平台上的纠纷通过其自身的纠纷处理机制得以化解，但是这些纠纷中的一部分也会进入司法程序，给当地法院的审判运行带来很大的压力。[④] 实际上，2015 年 8 月杭州市西湖区、滨江区、余杭区三个基层法院开展电子商务网上法庭的试点正是为了应对日益增多的与

---

① 高全喜：《虚拟世界的法律化问题》，载《现代法学》2019年第1期。
② 齐延平：《论人工智能时代法律场景的变迁》，载《法律科学》（西北政法大学学报）2018年第4期。
③ 2018年的《最高人民法院工作报告》并未直接给出2017年全国法院的受理案件数量，而是给出了2013年至2017年的总量8896.7万件；尽管如此，结合前四年工作报告的数据，可以得出2018年受理案件的总数为1939.5万件。淘宝网平台纠纷的大致数量来源为笔者于2018年6月23日于阿里巴巴工作人员的访谈。
④ 浙江省高级人民法院研究室主任陈增宝指出，2013年杭州各基层法院受理涉网商事案件仅有600余件，2016年这类案件的数量已突破1万件。参见陈增宝：《构建网络法制时代的司法新形态——以杭州互联网法院为样本的分析》，载《中国法律评论》2018年第2期。

电商平台有关的涉网纠纷。① 杭州互联网法院在完善审理机制和提升审判效能方面有极为迫切的现实需求。截至 2018 年 5 月底，杭州互联网法院 8 位员额法官平均每人已审结近 800 个案件。② 在涉网案件数量持续快速增长而办案法官有限的情况下，依托互联网科技作为提高审判效能的突破口是杭州互联网法院的唯一选择。③ 与先前各地法院开展的局部信息化改革相比，杭州互联网法院具有明显的区位、技术和政策优势，其信息化和智能化所覆盖的审判流程更全面。杭州互联网法院的重要目标在于利用互联网大幅完善审理机制，显著提高审判效能，从而探索出一条在确保司法公正、司法为民原则基础上有效解决案多人少难题的改革方案。

2017 年 6 月 26 日，中央全面深化改革领导小组第三十六次会议通过了《关于设立杭州互联网法院的方案》。方案指出，设立杭州互联网法院是司法主动适应互联网发展大趋势的一项重大制度创新；并明确方案中所指的"互联网发展大趋势"，是理解互联网法院设立的关键。结合我国的实际情况，互联网发展的大趋势可以总结为：以互联网为代表的新一代通信技术逐渐成为维持社会经济正常运转和发展的基础设施，网络空间逐渐成为人们开展社会生活的重要场域。④

---

① 截至2017年10月，杭州电子商务法庭共处理纠纷2.3万件。参见陈国猛：《互联网时代资讯科技的应用与司法流程再造——以浙江省法院的实践为例》，载《法律适用》2017年第21期。

② 此项数据来自2018年5月26日笔者参加的杭州互联网法院试点工作情况介绍会议。

③ 陈欧飞：《网上法庭的建设与发展》，载《人民司法》2016年第13期。

④ 互联网发展的大趋势可以从不同的方面进行观察。首先，网民规模持续扩大。截至2017年底，我国网民总数已由2007年的2.1亿上升到7.7亿，占全国总人口的55.8%，这一比例还在以每年约3%的速度持续增长。其次，搭建在互联网上的各类应用逐步完善，扩展了网络空间同真实世界的连接能力。最后，总体来看，互联网为我国经济的增长注入强劲动力。2016年底我国数据经济总量达到22.6万亿元，同比增长18.9%，显著高于当年GDP增速，占GDP的比重达到30.3%（数据经济的价值总量的计算采用两分法，既包括信息产业，也包括传统行业采用信息通信技术产生的价值增量）。参见中国互联网络信息中心（CNNIC）：《第41次中国互联网络发展状况统计报告》，2018年1月31日，第21—24页。

实际上互联网法院的设立并不是一项孤立的改革，而是我国司法改革和国家信息化建设发展到一定阶段的必然产物。从这点来看，此项改革是一个持续发展的过程，《关于设立杭州互联网法院的方案》提出的要求可以被视作新时期司法信息化改革的起点。杭州互联网法院建设的长期愿景不仅取决于方案的规定，也有赖于司法信息化和大数据、"互联网＋"以及人工智能等国家战略的政策支持。在方案基本要求的基础上，我们还应该结合大数据、万物互联和智能化的时代大背景，深刻把握杭州互联网法院的改革定位。从这个更为宏观的角度出发，可以总结出互联网法院的三个战略定位。

第一，互联网法院是今后一段时期内专门审理涉网案件的法院。涉网纠纷是随着互联网同经济社会深度融合而涌现的新型纠纷类型。杭州互联网法院设立的直接动因就是妥善应对涉网案件，探索与之相适应的诉讼规则。根据《最高人民法院关于印发〈关于设立杭州互联网法院的方案〉的通知》，杭州互联网法院集中管辖六类涉网案件，分别是：（1）互联网购物、服务、小额金融借款等合同纠纷；（2）互联网著作权权属、侵权纠纷；（3）利用互联网侵害他人人格权纠纷；（4）互联网购物产品责任侵权纠纷；（5）互联网域名纠纷；（6）因互联网行政管理引发的行政纠纷。杭州互联网法院的"专门性"具有明显的时代特征，是"互联网＋"时代初级阶段的产物。随着网络空间的扩展，社会纠纷的涉网因素将越来越多，涉网纠纷占全社会纠纷总量的比例将逐步扩大。可以预见的是，在不久的将来，涉网案件将成为全国各级普通法院接收的常见案件类型。因此，从长远来看，杭州互联网法院审理涉网案件的专门性将逐步弱化。尽管如此，我们也不能否定当前杭州互联网法院试点工作的重大意义。恰恰相反，未来社会纠纷的普遍涉网化凸显了当前杭州互联网法院先行试点的独特价值。杭州互联网法院对涉网案件的集中管辖就是为了积极探索涉网案件的诉讼规则，为应对未来全面涌现的涉网案件提供制度经验。可以说，随着未来互联网同经济社会的高度融合，杭州互联网法院总结提炼的涉网诉讼规则将逐步具有普遍的适用性。

第二，互联网法院是我国法院信息化建设的集大成者。自1997年党的十五大报告将"推进国民经济信息化"上升为国家战略以来，最高人民法院出台了一系列旨在提高法院信息化水平的文件。① 我国法院信息化建设实践可以分为三期，分别是1.0版、2.0版和3.0版。法院信息化1.0版（1996—2013年）的主要改革是将计算机作为法院内部管理的辅助工具，在诉讼档案管理、人事管理、司法数据统计等方面由原先的纸质办公变为电脑办公。② 法院信息化2.0版（2013—2016年）则是打造覆盖全国所有3535个法院的专网，打通信息化1.0版形成的司法数据孤岛。③ 法院信息化3.0版（2016年至今）则将改革的重点从内部管理拓展到审判流程中来，致力于推动大数据、"互联网＋"和人工智能等现代科技同审判工作的深度融合，

① 据中国社会科学院法学研究所国家法治指数研究中心的统计，截至2016年最高人民法院共发布79件与法院信息化有关的文件。参见中国社科院法学研究所国家法治指数研究中心：《中国法院信息化第三方评估报告》，中国社会科学出版社2016年版，第112—117页。2016年以后最高人民法院发布的重要文件还包括：《最高人民法院关于加快建设智慧法院的意见》《最高人民法院关于通过互联网公开审判流程信息的规定》《最高人民法院关于全面深化人民法院改革的意见——人民法院第四个五年改革纲要（2014—2018）》《人民法院计算机信息网络系统建设管理规定》《最高人民法院关于印发〈人民法院计算机信息网络系统建设管理规定〉的通知》和《人民法院计算机信息网络系统建设规划》等。

② 卢露：《中国的法院信息化：数据、技术与管理》，载《法律与社会科学》2016年第2期。

③ 蔡长春：《中国法院已经建成信息化2.0版》，载《人民法院报》2016年4月13日第1版。关于四川省各级人民法院信息化审判管理的实践及其影响，参见左卫民：《信息化与我国司法——基于四川省各级人民法院审判管理创新的解读》，载《清华法学》2011年第4期。

以大幅提升审判效能。^① 近年来，在最高人民法院的顶层设计和政策支持下，各级地方法院展开积极探索。^② 地方法院的信息化建设实践虽然不乏亮点，但是创新之处较为单一，往往针对诉讼流程中的特定环节，缺乏整体规划和统筹。杭州互联网法院能够有效克服地方法院分头零星探索信息化建设的不足，较为全面集中地部署信息化的最新成果，在审判同互联网技术深度融合方面取得前所未有的进展。目前，常态化运行的诉讼平台能够满足全流程在线审理的需要，同时还部署了智能诉状自动生成、电子案卷随案生成、电子证据一键导入、语音识别、裁判文书自动生成等应用。

第三，互联网法院是智慧法院建设的先行者。建设智慧法院已被纳入新一轮国家信息化、人工智能发展战略中。2017 年，国务院密集发布三个支持智慧法院建设的政策文件，其中《国家信息化发展战略纲要》把建设智慧法院作为加强民主法治建设的重要举措；《新一代人工智能发展规划》将建设智慧法院同推进社会治理智能化联系起来；而《"十三五"国家信息化规划》则把智慧法院建设作为构建善治高效国家治理体系的重要内容。2017 年，最高人民法院出台的《最高人民法院关于加快建设智慧法院的意见》则从深化法院信息化 3.0 版建设任务的角度出发，较为全面地规定了智慧法院建设的目标和要求。智慧法院建设的推进将极大地改变法院的组织结构和管理能力，对法律职业共同体和社会公众的法律理念、司法情感、行为

---

① 周强：《加快建设"智慧法院"推进审判体系和审判能力现代化》，载《人民法院报》2016年7月16日第1版。

② 除浙江法院电子商务网上法庭、杭州互联网法院、北京互联网法院和广州互联网法院外，其他有影响的地方试点还包括2015年6月吉林省高级人民法院设立的吉林电子法院、2018年1月宁波市中级人民法院设立的宁波移动微法院，以及2018年6月成都市郫都区人民法院设立的互联网法庭等。

决策和纠纷处理流程等产生重大影响。① 中央深化改革领导小组的《关于
设立杭州互联网法院的方案》并未将杭州互联网法院同智慧法院联系起来，
尽管如此，积极推动智慧法院的建设是杭州互联网法院的应有之义，这是
因为，一方面《最高人民法院关于加快建设智慧法院的意见》要求各级人民
法院主动作为，务实有序推进智慧法院的建设，作为基层法院的杭州互联
网法院当然也负有建设之责；另一方面智慧法院的建设离不开前期信息化
的发展。只有在审判活动同互联网高度融合、审判信息高度数据化的前提
下，智慧法院的建设才有可能。因此，互联网法院开展智慧法院的建设具
有先天的优势，理应先行先试。

二、探索适应审判智能化的诉讼规则

改革诉讼规则是智慧法院建设的关键环节之一。现行的规制线下诉讼
场景的模式与相关规则如果不能及时、充分地变革，将极大地限制前沿信
息技术与司法的深度融合。目前的改革困境在于智慧法院的初步建设尽管
产生了诉讼规则改革的需求，但是并未凝练出成熟、完整的智能化诉讼原
理与规则，因而很难启动诉讼法律规范的调整。因此智慧法院建设摆脱制
度束缚的关键在于找到一种既能满足诉讼规则改革，又能有效维护国家司
法制度统一的机制。

---

① 徐骏：《智慧法院的法理审思》，载《法学》2017年第3期。关于对司法人工智能热的冷思
考，参见季卫东：《人工智能时代的司法权之变》，载《东方法学》2018年第1期。

（一）智慧法院建设同现行诉讼规则与配套制度的关系不断调试

智慧法院已经获得了前所未有的政策支持，在资金、技术、人才等方面的投入也在持续增加，但现实的情况是，杭州互联网法院的试点工作面临诸多制度上的束缚。这些束缚有的来自现行诉讼法制不适应智慧法院诉讼模式的需要，有的则归因于初始配套制度安排过于谨慎。这些制度束缚限制了智慧法院充分地开展试点工作，无法完全落实中央顶层设计对其发展定位的要求。

当前我国没有关于涉网诉讼规则的专门法，智慧法院的审判活动必须遵循民事、刑事与行政诉讼法律制度的规定。以《民事诉讼法》为例，1982年制定的《民事诉讼法（试行）》并未考虑对新兴通信技术的利用，相反，该法多处规定体现了直接言辞原则，例如该法强调审判员、当事人和其他诉讼参与人应亲临现场参与诉讼的流程。以送达为例，《民事诉讼法（试行）》规定诉讼文书应当以当面直接送交受送达人为原则，以留置送达、邮寄送达和公告送达为例外。又以开庭审理为例，《民事诉讼法（试行）》规定当事人和其他诉讼参与人应亲自到庭参加诉讼，只有在被告无正当理由拒不到庭的情形下，才可以缺席审理和判决。2012年全国人大常委会通过的《民事诉讼法》修正案纳入了有利于涉网诉讼开展的若干规定。在2021年12月24日通过的新《民事诉讼法》中对此重新做了规定，增加一条，作为第十六条："经当事人同意，民事诉讼活动可以通过信息网络平台在线进行。民事诉讼活动通过信息网络平台在线进行的，与线下诉讼活动具有同等法律效力。"由此，在线诉讼正式进入诉讼法典中，具有明确的法律依据。在管辖方面，该法将协议管辖适用的纠纷类型从合同纠纷大幅扩展到其他财产权益纠纷。这使得涉网案件可通过协议的方式，避开法定管辖中确定的法院，转而由跨行政区划设立的互联网法院来审理。① 在证据方面，该法将电子数据明确列为证据。在送达方面，该法新增了网上送达方式，明确规定经受送达人同意，除判决书、裁定书和调解书以外的诉讼文书可以通过传真、电子邮件等方式送达。2014 年 12 月最高人民法院通过的《最高人民法院关于适用〈中华人民共和国民事诉讼法〉的解释》（下称《民诉法解释》）也确定了若干涉网诉讼的规则。该解释第二百五十九条规定经双方当事人同意，人民法院可以在适用简易程序审理案件时，采用视听传输技术等方式开庭。② 在 2021 年 12 月 24 日通过的新《民事诉讼法》中对电子送达予以了明确，其中将第八十七条改为第九十条，修改为："经受送达人同意，人民法院可以采用能够确认其收悉的电子方式送达诉讼文书。通过电子方式送达的判决书、裁定书、调解书，受送达人提出需要纸质文书的，人民法院应当提供。采用前款方式送达的，以送达信息到达受送达人特定系统的日期为送达日期。"该条文是首次在民事程序法典的层面对"电子送达"效力做出的明确规定。

通过对《民事诉讼法》的修改过程的分析可以发现，民事诉讼规则同互联网技术的结合方面已经实现了突破。这些突破的"口子"已经成为当前全国范围内智慧法院审判运行的规则基础。尽管如此，这些突破并不能表明《民事诉讼法》的立法精神和主要内容已经实现了向有利于网上诉讼和智慧法院的根本转变。从整体上看，《民事诉讼法》不足以充分回应司法信息化

① 《最高人民法院关于适用〈中华人民共和国民事诉讼法〉的解释》第三十四条将协议管辖的类型进行了扩大解释，当事人因同居或者在解除婚姻、收养关系等人身权相关的财产争议也适用于协议管辖。
② 关于我国民事诉讼法修订的信息化转向，参见刘敏：《电子诉讼潮流与我国民事诉讼法的应对》，载《当代法学》2016年第5期。

和智慧法院建设的要求。这种不足体现在以下三个方面。首先，构建适应信息时代和人工智能时代的诉讼规则尚未成为引领诉讼制度改革的基本任务和原则。尽管2012年以来《民事诉讼法》朝着有利于涉网诉讼的方向发展，但是这一轮信息化改造的力度过小，构建涉网诉讼规则并未成为改革的核心内容。适应互联网技术的民事诉讼新规则在《民事诉讼法》中仅有零星的体现。这些规则的适用要么附带一定的限制性条件，要么是作为原则性条款的例外。以送达为例，如上文所述，网上送达是作为当面直接送达无法实现时的补充送达方式。判决书、裁定书和调解书作为对当事人而言最重要的诉讼文书不能采用网上送达的方式，使得涉网案件结案文书电子送达的瞬时性、便利性无法彰显，导致杭州互联网法院全流程在线审理的目标无法完全实现。^①当然，在2021年新《民事诉讼法》修订后，这一问题得到了一定程度的化解。

其次，涉网诉讼规则的适用范围存在较大局限性。根据《民诉法解释》的规定，视听传输方式开庭仅适用于简易程序审理的案件。相比普通程序，简易程序的特点在于大幅简化了诉讼的流程，这包括不再遵循提前三日通知当事人开庭、法庭调查和法庭辩论的诉讼规则，简化传唤当事人、提交卷宗材料、举证期限、审理前准备、制作结案文书等诉讼程序。"视听传输等方式（开庭）"作为简易程序的表现形式出现在《民诉法解释》条文中，这其实是将涉网诉讼规则的价值仅仅限定在提升诉讼效率、及时审理民事案

---

① 目前杭州互联网法院尝试将判决书、裁定书和调解书通过线上和线下方式同时送达，但这又让杭州互联网法院面临一种困境：若通过线上和线下方式同时送达判决书、裁定书和调解书，则不仅无法突显电子诉讼本身的便利性，还在一定程度上增加了互联网法院的负担。但如果只进行电子送达而不向当事人送达纸质文书，互联网法院将面临违反现行《民事诉讼法》规定的后果。

件上。这一立法逻辑在于简易程序简化了诉讼环节，不利于充分保障当事人诉讼权利，因而限制其适用的范围。立法者将互联网技术的运用同简易程序捆绑起来，作为解决案多人少、提升诉讼效率的方式。我国立法机关并未将民事普通程序作为互联网技术改造的主要对象，互联网技术的广泛运用主要还是在简易程序方面。涉网诉讼规则本质上属于简易程序的诉讼规则。因此，涉网诉讼所审理的案件类型受到较大的限制，即必须是"事实清楚、权利义务关系明确、争议不大的民事案件"。在立法理念上，互联网技术的运用是出于简化诉讼程序、提高诉讼效率的考虑，并未考虑保障当事人诉讼权利、维护司法公正的价值。从法理而言，互联网技术也可以起到维护和促进这一价值的作用，将互联网技术运用于普通程序的全流程不仅可以提升审判效能，也有助于保障当事人诉讼权利的实现，进而维护司法公正。① 由于立法理念上的局限，杭州互联网法院目前仅能采用简易程序审理事实清楚、权利义务关系明确、争议不大的民事案件，而无法适用普通程序审理复杂和社会影响力大的案件，这不利于杭州互联网法院等试点法院在更大的范围内积累诉讼经验和总结典型案例。

最后，智慧法院改革的配套制度安排过于谨慎。互联网法院是推进智慧法院建设的先行者，率先对配套制度进行了大胆调整。通过研讨互联网法院配套制度的安排就可以窥见我国智慧法院建设制度安排的现状。2017年8月最高人民法院发布文件对杭州互联网法院的管辖、受案范围、法院级别等若干配套制度进行了规定。如果我们以前述的发展定位为标准来审视这些配套制度，可以发现随着试点工作的推进，最高人民法院最初设置

---

① 从应然的层面看，互联网技术的价值应是多元的。参见王福华：《电子诉讼制度构建的法律基础》，载《法学研究》2016年第6期。

的配套制度显得过于谨慎，已不能满足杭州互联网法院的发展需要，这体现在以下几个方面。

一是，可受理的民商事案件范围过小。经最高人民法院授权，杭州互联网法院集中管辖下列 5 类民商事案件：互联网购物、服务、小额金融借款等合同纠纷；互联网著作权属、侵权纠纷；利用互联网侵害他人人格权纠纷；互联网购物产品责任侵权纠纷；互联网域名纠纷。在浙江法院电子商务网上法庭建立之初，杭州市西湖区、余杭区、滨江区法院分别仅管辖一类涉网案件。经过一年的运行，这三个法院的受案范围逐步扩展到十几类涉网案件，积累了较为成熟的审判经验。[①]2018 年 6 月，四川省高级人民法院设立的成都市郫都区人民法院互联网法庭集中审理 10 类涉网案件。[②] 作为网上电子商务法庭的继受者，杭州互联网法院无论是在网上诉讼平台搭建还是审判队伍建设等方面都取得了突破性进展，与此形成对比的是，其在受案范围上不进反退，仅被允许审理上述 5 类涉网案件。这反映出在受案范围的安排上过于谨慎。根据浙江省高院的统计，杭州互联网法院审理的 5 小类案件属于 27 类主要民事案件中的 4 类。然而如果仅仅是审理这 5 类案情简单、标的不大的案件，互联网法院更像是一个有着较小受案范围的涉网民事派出法庭。案件类型过少也限制了互联网法院涉网诉讼规则的创新和典型案例的总结。

二是，跨境电子商务纠纷案件未明确列为可受理的案件类型。杭州互

---

① 陈辽敏：《电子商务网上法庭的探索和实践》，载《人民法院报》2016年10月12日第8版。
② 张明海：《成都郫都区成立互联网法庭，审理10类涉网纠纷》，载《四川日报》2018年6月22日第7版。

联网法院的设立与浙江跨境电子商务的发展有密切的关系。① 近年来，以杭州地区为中心的浙江电子商务发展迅速，已成为浙江新的外贸出口增长点。2015 年 3 月，国务院将杭州设为国家级跨境电子商务综合试验区。改革者最初的设想是将这一司法保障的职责放在电子商务网上法庭以及作为其继受者的杭州互联网法院身上。② 通过跨地域和跨国界约定管辖，杭州互联网法院才能依托自身的专业能力高效吸纳海量的跨境电子商务纠纷，降低此类纠纷的解决成本。③2018 年 8 月，最高人民法院院长周强在杭州互联网法院座谈会上强调："（杭州互联网法院应）推进互联网司法领域的国际合作，积极发挥司法在推动构建网络空间命运共同体的重要作用，积极参与互联网国际规则的制定完善。"④ 遗憾的是，目前互联网法院并未将跨境电子商务纠纷作为一类可受理的专门案件类型，而是将这些案件分散到五类民商事案件类型中，这既不利于高效解决日益增加的跨境电子商务纠纷，也不利于探索和总结相关纠纷的专门诉讼规则。

三是，地域管辖范围偏窄。杭州互联网法院集中管辖杭州市辖区内 9 个基层人民法院有权管辖的涉网案件。试点一年的经验表明，杭州互联网法院能够满足杭州市涉网诉讼的需求，未来管辖范围可以逐步扩大。这是

---

① 以全球治理为视角，国内法院还担负着行使跨国司法治理权的重任。从治理结果来看，国内法院通过大量的司法实践，可以对跨国争议解决规则的形成产生渐进式影响。参见霍政欣：《论全球治理体系中的国内法院》，载《中国法学》2018年第3期。

② 浙江省高级人民法院设立电子商务网上法庭时，专门强调了这类法庭的设立目的是"努力为'中国（杭州）跨境电子商务综合试验区'建设和'互联网+'国家战略实施提供有力司法保障"。参见《浙江省高级人民法院关于同意杭州市中级人民法院等四家法院专设电子商务网上法庭的批复》，2015年4月27日发布。

③ 于志刚、李怀胜：《杭州互联网法院的历史意义、司法责任与时代使命》，载《比较法研究》2018年第3期。

④ 周强：《大力加强杭州互联网法院建设，探索互联网司法新模式，服务保障网络强国战略》，载《中国应用法学》2017年第5期。

因为，一方面其审判队伍将得到大幅度补强。互联网法院已获批增加 35 个中央政法专项编制，其中员额法官至少会新增 10 位。这些工作人员招录到岗后将极大地充实审判队伍、强化审判实力。如果还是按照目前的管辖范围来受理案件，很有可能出现杭州互联网法院"吃不饱"的情形，不利于充分发挥其审判效能和履行改革试点任务。另一方面除杭州外，浙江省宁波市、金华市、义乌市等地互联网经济也发展迅猛，涉网纠纷数量呈快速增长趋势，对于司法保障和服务的需求也趋于旺盛。互联网法院有必要将管辖的范围扩大到浙江省内这些地区。

（二）探索诉讼制度改革的启动路径

当前可供互联网法院解除制度束缚和启动诉讼制度改革的路径应是全国人大常委会授权进行改革试点。2012 年底以来，授权改革试点在我国得到了更为广泛的运用。据统计，自 2012 年 12 月至今，全国人大常委会共做出 17 项关于地方改革试点的授权决定。这些授权决定中，有代表性的是 2014 年 6 月通过的《全国人民代表大会常务委员会关于授权国务院在中国（上海）自由贸易试验区调整有关法律规定的行政审批的决定》。根据该决定，在试验区内暂停实施《中华人民共和国外资企业法》《中华人民共和国中外合资经营企业法》和《中华人民共和国中外合作经营企业法》规定的有关行政审批。2016 年 9 月通过的《全国人民代表大会常务委员会关于授权最高人民法院、最高人民检察院在部分地区开展刑事案件速裁程序试点工作的决定》则授权"两高"在不违背《刑法》《刑事诉讼法》基本原则的基础上，制定相关试点办法。自 2016 年起，"改革试点授权"成为全国人大常委会年度立法工作计划的常设项目，这表明"试点授权"已成为同

"立""改""废""释"并列的立法活动。① 授权改革试点虽然在短期内会给国家法制带来一定的冲击，却可以起到培育社会氛围、积累立法经验、试错等作用。结束实验期以后，新法得以制定或者旧法得以改造。这样的立法路径有助于加快公众适应新法的速度，降低制度创新对现行法律体系的冲击。从这一视角来看，授权试点改革不仅不会冲垮现有的法秩序，反而可以起到维护国家法律体系稳定的作用，实现法律体系与社会发展的动态平衡。②

授权改革试点是解决改革"于法有据"的可行方案，这一方案自身的合法性问题也值得进行探讨。授权改革试点这一立法形式尚未被《立法法》明确列为立法类型之一。尽管如此，这一新兴立法形式可被视作全国人大常委会附条件地修改现行国家法律，而其他主体制定相应试点办法应被视为对常委会试点决定中规定的原则和具体要求的细化。鉴于授权改革试点已成为全国人大常委会的常规立法活动，那么其覆盖的事项范围也应以常委会的立法范围为限。具体而言，根据宪法的有关规定，授权改革试点不得涉及宪法修改和基本法律原则的事项。从已出台的17项授权改革试点来看，授权的范围集中在行政管理和审批、司法改革和国家机构改革等事项上。授权改革试点决定具有较高的法律效力，与国务院授权制定行政法规存在显著的不同。后者是一揽子授权进行创设性立法，其法律保留事项的范围更广。

---

① 参见《全国人大常委会2016年立法工作计划》，2015年12月14日第十二届全国人大常委会第58次委员长会议原则通过，载《中国人大》2016年第9期。

② 美国法理学家罗斯科·庞德（Roscoe Pound）对法律的动态稳定有过经典的总结。他在1923年出版的《法律史解释》（*Interpretations of Legal History*）中写道："法律必须保持稳定，但不能是一成不变的。"See Roscoe Pound, Interpretation of Legal History, Cambridge: Cambridge University Press, 1923, pp.21-25.

具体的试点单位可以考虑选择杭州、广州和北京互联网法院。互联网法院走授权改革试点之路的必要性在于：此类法院是司法信息化改革的重要成果，也是智慧法院建设的重要载体，其试点意义十分重大。仅仅依靠普通的政策形式的试点改革，三家互联网法院无法突破现行的以国家法律的形式固定的诉讼规则。破解这一制度改革的瓶颈问题必须依靠授权改革试点。从这一角度来看，如果将设立互联网法院作为授权试点改革的话，那么此项改革在试点之初所获得的授权并不完整，缺乏最为关键的暂时调整国家法律的内容。

从授权主体的角度来看，全国人大常委会做出授权改革试点决定有利于提升智慧法院的法治基础。近 10 年来，随着国家对改革"于法有据"的重视，全国人大及其常委会在依法授权改革以及改革效果评估等方面发挥着越来越重要的作用。这一趋势显示出重大改革必须要在民主、法治的原则基础上推进，这也在客观上增强了全国人大及其常委会作为最高国家权力机关的地位。杭州等地的互联网法院的设立并未经过全国人大常委会的批准，而是由最高人民法院单独决定。如果全国人大常委会以试点授权决定的形式允许杭州互联网法院探索涉网诉讼规则，将有利于提升智慧法院建设的民主基础和合法性基础。

三、为国民经济信息化、智能化保驾护航

目前司法人工智能的研发正由法院、高校和企业紧锣密鼓地进行。从研发力度和资金支持角度来看，我国司法人工智能产品实现功能突破最有可能通过两个渠道呈现。第一个渠道是科技部设立的国家重点研发计划（司

法专项）。科技部于 2018 年设立了两批司法专项。第一批专项确定了"智能司法基础科学问题与人工智能技术研究"等 6 个方面 16 个研究任务，安排经费 4.5 亿元。① 第二批专项确定了"智慧法院核心业务运行关键技术与装备研究"等 2 个方面 5 个研究任务，共安排经费 1.5 亿元。② 这是科技部首次以司法为主题设立国家重点研发计划。该司法专项的执行期是 2018—2021 年，目标是初步形成以智慧司法知识中心和法检司三部门运行支撑平台为核心的国家智慧司法运行支撑体系，为实现公正司法和司法为民，建成公正、透明的司法体系提供科技支撑。高校是司法专项研究任务的主要承担单位，四川大学是研究任务"高质高效的审判支撑关键技术及装备研究"的牵头单位。

司法人工智能研发的第二个可能突破渠道是法院系统的自主研发。最高人民法院、各地高级人民法院以及有条件的中级人民法院积极从事司法智能应用的研发。前文阐述的浙江法院电子商务网上法庭、吉林电子法院、河北智审系统、上海法院"206 工程"等都是由地方法院牵头开发应用的。近年来，各地法院系统开展司法人工智能应用的研发热情有增无减，其研发定位甚至超过了科技部司法专项所确定的目标。以浙江省为例，2018 年浙江省高级人民法院同阿里巴巴和浙江大学合作组建智慧审判专班，研发网络购物、民间借贷、交通行政处罚等三类案件的智能化审判系统。2019

① 参见《科技部关于发布国家重点研发计划公共安全风险防控与技术装备重点专项（司法专题任务）2018年度第一批项目申报指南的通知》，2018年1月，http://www.most.gov.cn/mostinfo/xinxifenlei/fgzc/gfxwj/gfxwj2018/201801/t20180109_137610.htm，2020年3月28日访问。

② 参见《科技部关于发布国家重点研发计划公共安全风险防控与技术装备重点专项（司法专题任务）2018年度第二批项目申报指南的通知》，2018年2月，http://www.most.gov.cn/tztg/201802/t20180208_138083.htm，2020年3月28日访问。

年，浙江省高级人民法院继续推行法院智能化建设，扩展了审判攻关的案由，使更多中级人民法院骨干法官加入到审判攻关项目中。2019 年发布的《浙江法院智能化建设方案》提出初步完成大类案件的智能化审判功能，使快审、法条推荐、类案推送、文书制作的准确度达到国内领先水平，争取在 2 年内完成智能审判体系建设，最大限度实现简单案件由全流程机器审理、复杂案件由机器智能辅助审理的目标。

杭州、广州和北京互联网法院的审判试点取得了显著成效。截至 2019 年 8 月，杭州互联网法院共受理各类涉网案件 2.6 万余件，审结近 2 万件，服判息诉率达 97.27%。通过在线审理及智能软件的运用，平均每年减少诉讼出行 34.7 万公里，简约诉讼参与方 114.7 万小时，节约纸张 31.5 万张。杭州互联网法院审理了"比特币挖矿机""有声读物""职业索赔""网络炒信"等热点纠纷案件，促进了网络空间依法治理。截至 2019 年 9 月，广州互联网法院成立 1 周年，共受理案件 37688 件，审结 27956 件，涉案标的额达 25 亿元，法官人均结案量为 1118 件。受理的案件以知识产权纠纷和金融借款纠纷为主，分别占总收案量的 56.87% 和 39.85%。一年来，广州互联网法院受到了全社会的广泛关注，取得了良好的社会效应。平台访问量 986.6 万人次，注册用户数 210335 人，接受网上咨询 10.1 万人次。在线立案率 99.98%，在线交费适用率 100%，电子送达 100465 次，电子送达覆盖率 99.97%，电子送达成功率 98%。庭审平均时长 25 分钟，案件审理周期 36 天，分别比传统审理模式节省约 3/5 和 2/3 的时间。北京互联网法院于 2018 年 9 月 9 日成立。成立后，该法院受理案件数量快速增长，截至 2019 年 8 月 31 日，该法院共受理案件 34263 件，结案 25333 件。在试点的 1 年内，北京互联网法院一审服判息诉率 98.3%，裁判自动履行率 98%，一审简易程序使用率 95.2%，庭审平均时长 37 分钟，平均审理周期为 40 天，互联网技术在便捷诉讼、增效审判方面成果显著。北京互联网法院积极探索全流程网上诉讼环境下的规则创新，积累了较多经验。

四、智慧法院建设的前瞻

近几年全国范围内司法人工智能的研发工作已经积累的初步经验显露出若干问题。我们认为应适度调整前沿大数据、"互联网＋"和人工智能技术同司法融合的策略。

首先，加快前沿技术的司法应用。智慧法院有赖于我国人工智能技术的不断发展，但智慧法院建设不应、也无法承担我国人工智能发展的重任。我国人工智能的发展是一项系统性强的重大工程，需要国家、社会和市场的合力推动。而司法仅是国家治理的方式之一。在缺乏高端人工智能人才，也缺乏活跃应用场景的情形下，司法很难成为人工智能理论与技术创新的实验场。未来人工智能的发展需要理论与技术的齐头并进，而制造、医疗、农业、交通、金融、国防等领域才是有望涌现重大原创成果的领域。因此智慧法院建设不应当将主要精力放在人工智能理论与技术的原创性开发上，而是应当处于"拿来用"的从属地位，以吸收前沿技术来实现智慧法院建设的推进。在技术层面，智慧法院建设的核心问题在于如何迅捷、充分地将新一代人工智能的相关共性技术应用到智慧法院上来。为了实现这一目标，应倡导开源共享的理念，推动科研、产业、政府等各创新主体共创共享。搭建全要素、多领域、高效益的深度融合开源平台，实现共性技术的及时转化和应用。同时应破除不合时宜的司法制度，建立灵活开放的司法制度与机制，为吸收前沿技术提供良好的制度环境。

其次，坚持官方与市场的双轮驱动。传统上，市场主体无法参与法院的建设，这一方面是因为司法权是国家高度垄断的权力，普通市场主体不得染指；另一方面则是因为通常政府除掌握权力外，还掌握满足履行职责所必需的知识、技术和资金，无须第三方主体的介入。但是在市场经济下，政府部门的信息化建设更多地依靠企业提供技术支持。实际上，法律市场本身就是信息化改革浪潮所覆盖的重要部分，包括了律师、企业法务、多元纠纷解决等多个子系统。[①] 改革开放以来，我国市场经济迅猛发展。随着市场各类主体的不断壮大，政府在资金和技术上的优势逐步被削弱。在倡导国民经济信息化的大背景下，我国数字经济的快速发展进一步凸显了政府与民营企业在互联网、大数据和人工智能方面的技术鸿沟。市场主体参与政府部门的信息化改造就成为一种"新常态"。

此外，我国围绕3000多家法院和60多万名律师已形成了一定规模的法律服务市场。持续扩大的法律服务市场也吸引了人工智能相关资本和技术的流入。值得注意的是，大型科技企业出于改善自身经营的现实需要，也有参与智慧法院建设的需求。[②] 如淘宝网、天猫平台通过自身的纠纷解决机制已经化解了绝大多数网络购物纠纷，但是仍然有绝对数量不低的纠纷进入法院。更为有效、快速地化解这类纠纷，是阿里巴巴参与司法人工智能开发的主要动力之一。在未来推进智慧法院建设时，应继续坚持官方与市场的双轮驱动。具体而言，官方和市场应有一定的分工。在注重发挥官

[①] Richard Susskind, The End of Lawyers? Rethinking the Nature of Legal Services, Oxford：Oxford University Press, 2010, pp.53-55.

[②] 侯猛：《互联网技术对司法的影响——以杭州互联网法院为分析样本》，载《法律适用》2018年第1期。

方规范引导、政策支持和环境营造的同时，鼓励民营资本和前沿技术在遵循市场规律的前提下投入智慧法院的建设。

最后，研发力量的投入应适度集中。当前智慧法院建设在全国范围内全面推进。在这一可喜的形势下，该项改革也面临研发投入不足、重复低效建设等问题。应该承认"遍地开花式"的研发模式有其内在的优点，这集中体现为能够分散研发的风险，形成竞争的态势，有利于顶层改革者选择最优的方案。但从性质上看，司法人工智能的研发不宜过度分散，这是因为此类研发投入巨大且周期长，往往需要多次迭代更新才能实现预期的效果，因此具有较强的规模效应。

司法人工智能的研发应适度集中。首先组织和参与研发的法院应是较高层级的法院，包括最高人民法院、各高级人民法院和有条件的中级人民法院。同时，不同地方的法院和科技企业所从事的具体研发工作应有所侧重。研发的任务应该同该法院的审理专长和科技企业的技术特点相一致。

2010 年，英国学者理查德·苏士凯德（Richard Susskind）在深入考察信息技术对英国普通法院的改造后，得出了法律共同体将终结的结论。① 法律共同体衰落的趋势在大洋彼岸的美国也似乎得到了印证。谈论法律共同体的终结可能还为时尚早，而前沿科技对法院的改造只是表象。究其根本，我们应该承认两项不可避免的大趋势。其一，科技的进步不断重塑人类社会的面貌。人类社会发生颠覆性变革的时间间隔越来越短。我们笃信未来的世界将发生巨大变革，却无法预知未来社会生活的样貌。自从 20 万年前学会打造石器和利用火后，人类再也无法抗拒工具（新科技）带来的生活

---

① Richard Susskind, The End of Lawyers? Rethinking the Nature of Legal Service, Oxford：Oxford University Press, 2010, pp.14－18.

上的便利，在当代更是如此。其二，人类也不会停止对公平与正义的追求。近代以来，随着民主化浪潮席卷全球，正义的内涵与边界也得到了极大的拓展。智慧法院就是顺应以上两项历史趋势的产物。实践证明，改革开放以来，法律共同体积极拥抱前沿科技，而智慧法院建设所要终结的仅仅是传统法院。

本章指出我国以人工智能为代表的新一代信息技术与司法的融合效果已初步显露，未来将加速变革。我国的智慧法院建设无论是政策支持还是实践推进力度都在世界范围内处于领先的位置。该项建设具有法治层面的重大意义。尽管建设法治几乎已成为世界各国普遍的共识，但是西方国家的实践有其特殊的历史背景与社会环境，并不能被完全复制，当代的发展中国家的法治建设必须找到新路径。有着悠久司法历史的西方国家（尤其是英美等普通法国家）却由于路径依赖的原因，与前沿科技的融合速度很慢。我国数字政府与智慧法院齐头并进的世界意义在于，将结合前沿信息技术探索在发展中国家建设新型法治（依法行政与科技司法）的新路径。可以确定的是，智慧法院建设无论是在政策支持还是技术运用方面都将持续深化，届时将会引起法学界更多的关注。

CHAPTER 5

|第五章|

多元解纷与"枫桥经验"数字化

"枫桥经验"是党领导人民创造的一套行之有效的社会治理方案。坚持发展新时代"枫桥经验"，是坚持以习近平新时代中国特色社会主义思想为指引，推进国家治理体系和治理能力现代化，坚定不移走中国特色社会主义治理之路的必然要求和生动实践。①"枫桥经验"在不同的社会发展时期结合时代特色得到丰富与发展，其矛盾不上交、就地化解的传统模式经过几十年的传承与发展，逐渐发展成以民间调解为核心，专业行业调解为依托，人民调解、行政调解、司法调解相结合的调解网络与组合型矛盾纠纷化解模式。②多元化纠纷解决机制，是国家治理体系和治理能力现代化的重要内容，是新时代"枫桥经验"建设的重要方面，也是国家法治化发展水平的重要标杆。在数字化时代背景下，以第三代人工智能为代表的数字化技术为新时代"枫桥经验"的精细化、社会化、法治化提供了新的契机与条件，同时也为当下社会治理的网络化、信息化、智能化带来了全新的机遇与挑战。

　　① 张文显、朱孝清、贾宇、汪世荣、曹诗权、余钊飞：《新时代"枫桥经验"大家谈》，载《国家检察官学院学报》2019年第3期。
　　② 中国社会科学院国家法治指数研究中心、中国社会科学院法学研究所法治指数创新工程项目组主编：《社会治理：新时代"枫桥经验"的线上实践》，中国社会科学出版社2019年版，第7页。

一、"枫桥经验"与多元化纠纷解决机制

党的十九届四中全会决定指出："完善正确处理新形势下人民内部矛盾有效机制。坚持和发展新时代'枫桥经验'，畅通和规范群众诉求表达、利益协调、权益保障通道，完善信访制度，完善人民调解、行政调解、司法调解联动工作体系，健全社会心理服务体系和危机干预机制，完善社会矛盾纠纷多元预防调处化解综合机制，努力将矛盾化解在基层。"

多元化纠纷解决机制是指一个社会中各种纠纷解决方式、程序或制度（包括诉讼与非诉讼两大类）共同存在、相互协调所构成的纠纷解决系统。[①]数字化技术的迅速发展催生了全新的在线纠纷解决机制。多元化纠纷解决机制能够借助数字化技术合理分配纠纷解决的社会资源，为纠纷当事人提供便捷和有效的方法，帮助其选择适当的纠纷解决方式，推动和解、调解、仲裁与诉讼的有机衔接、相互协调。"枫桥经验"建立了一整套基层矛盾的化解机制，形成了多样化的纠纷解决方案。在互联网和数字化技术的推动下，多元化纠纷解决机制与数字化技术的融合催生了以多元化矛盾纠纷化解平台为代表的纠纷解决新方案。在线争议解决平台面对信息发展规划不统一、群众主要诉求有变化、纠纷多元复杂化等问题，推动了新时代"枫桥经验"的数字化。

多元化纠纷解决机制继承了"小事不出村、大事不出镇、矛盾不上交"的基层治理的理念，注重及时发现矛盾纠纷的源头，将矛盾纠纷解决在源头，实现矛盾不上交、服务不缺位的矛盾纠纷化解新模式。在多元化矛盾

---

① 范愉：《当代世界多元化纠纷解决机制的发展与启示》，载《中国应用法学》2017年第3期。

纠纷化解平台的建设历程中,逐步形成了基层治理的"网上枫桥经验",矛盾纠纷化解坚持以人民为中心,在党建统领和党委领导下,依靠政府主导和实施矛盾纠纷化解。在矛盾纠纷化解流程上,注重专业化调解引领,推动社会多部门协同参与。在技术运用方面,通过人工智能、云计算等新一代科学技术加强矛盾纠纷化解的科技支撑,提升矛盾纠纷化解的便捷性、效率和满意度。多元化纠纷解决机制推动"社会调解前置,法院诉讼在后"的矛盾纠纷化解体系已具雏形,"诉前调解+社会调解""专业+群众""线上+线下"的矛盾纠纷化解新治理模式初步彰显,这些都为数字化时代的"枫桥经验"注入了新的活力与灵魂。

多元化矛盾纠纷化解的实践不仅为"枫桥经验"提供了新的科学内涵和时代特征,也成为推进基层社会治理现代化的典型治理经验。多元化矛盾纠纷化解平台应用大数据技术,汇集了司法调解、人民调解、行政调解等多种资源,联合了当事人申请、机构登记、法院引调等多种渠道,形成了海量的数据与信息积累。在此基础上,平台可以利用数据挖掘技术,从多个角度观察解纷实践,总结分析区域内纠纷解决的现状和规律,防患于未然,积极为纠纷预防工作做好资源部署。

多元化矛盾纠纷化解平台运用人工智能技术,为工作人员和当事人提供了诸多便捷服务。例如,平台的解纷辅助机器人可以依托法规、案例库等资源,为当事人和工作人员提供策略、知识和技巧上的辅助。同时,平台的自动化功能也为当事人节省了大量时间精力,有效提升了解纷工作的效率。这些措施都有助于为社会的稳定和谐提供更为有力的技术支撑,打通当事人解决纠纷的"最后一公里",推动国家治理体系和治理能力的现代化。

二、数字化探索——在线矛盾纠纷多元化解平台

随着经济社会的发展与纠纷样态的嬗变，我国纠纷解决体系建设的主要矛盾已经转化为人民群众日益增长的多元解纷需求和多元解纷渠道发展不平衡、不充分之间的矛盾。[①] 面对这一问题，我国多地都展开了对多元化纠纷解决机制的建设，充分推动了各地各部门对多元化纠纷解决机制的探索与实践。其中，浙江省借助大数据、云计算、物联网、人工智能等新兴信息技术，在全国率先创建了"浙江省在线矛盾纠纷多元化解平台"（ODR 平台）。浙江 ODR 平台是浙江省高级人民法院开发的首个争议解决综合网络平台，其建设始于 2016 年中央社会治安综合治理委员会交办的"矛盾纠纷多元化解一体化网络平台"创新试点项目。自 2017 年 3 月上线试运行以来，浙江 ODR 平台的各项数据都保持着高速增长。2018 年 6 月，浙江 ODR 平台开始正式向全省推广。2019 年 6 月，浙江 ODR 平台上在线申请的调解案件量超过 50 万，这意味着，通过该平台化解纠纷的当事人超过 100 万人次。2021 年 7 月，浙江省委政法委正式对外发布了浙江 ODR 平台的新应用——"浙江解纷码"（QR Code），群众只需扫码即可通过"浙里办"APP 等进入平台入口，线上申请纠纷调解业务。[②] 2018 年底，浙江 ODR 平台已覆盖全浙江省，并在解决居民日常纠纷中扮演着日益重要的角色。它为多元化解矛盾纠纷提供了新的可能，同时也赋予了基层治理新的动力。

在线矛盾纠纷多元化解平台集咨询、评估、调解、仲裁、诉讼五大服务功能于一体，致力于为公众提供具有权威性的一站式服务。该平台不仅

---

① 李少平：《传承"枫桥经验"创新司法改革》，载《法律适用》2018年第17期。

② 钱祎：《"浙江解纷码"正式上线》，载《浙江日报》2021年7月9日第1版。

将线下的纠纷解决模式搬到线上，而且从法律咨询、评估，向在线调解、在线仲裁、在线诉讼层层递进，从源头控制纠纷数据，逐层消化分流，构建了科学、系统的漏斗式"社会解纷新模型"。从其功能、作用上看，在线矛盾纠纷多元化解平台主要包括以下几方面的内容。

（一）在线咨询

在线矛盾纠纷多元化解平台的咨询功能分为智能咨询与人工咨询两部分。其中，智能咨询对接的是我国首个法律知识和案例大数据融合服务平台"法信"，可以 7×24 小时不间断地提供准确的法律知识、裁判案例、解纷流程与法律文书范本。智能机器人可以依据用户输入的咨询问题，无缝对接百姓生活，快速、精准、全天候地进行智能化解答。如果智能机器人难以解答，则进入人工咨询环节。在填写矛盾纠纷的基本信息后，用户即可申请人工咨询，并根据纠纷类型选择适合的咨询师。在工作时间内，针对当事人所咨询的法律问题，平台已实现 1 分钟内客服及时响应；问题涉及专业内容的，咨询师于 5 分钟内予以答复。同时，咨询师会提供纠纷相关法律知识，推荐合适的解纷方式及相关案例，当事人可查看同类案件的争议焦点、裁判文书等信息。此外，平台还提供法律小工具以方便当事人完成相关费用计算，包括诉讼费用、赔偿费用等。①

（二）在线评估

以浙江省在线矛盾纠纷多元化解平台为例，其在线评估功能以全国

---

① 中国社会科学院国家法治指数研究中心、中国社会科学院法学研究所法治指数创新工程项目组主编：《社会治理：新时代"枫桥经验"的线上实践》，中国社会科学出版社2019年版，第13页。

1800 多万份裁判文书的大数据分析为支撑，以"大数据自动分析 + 人工审核"的模式，客观评判诉讼风险，为当事人提供法律评估报告。[①] 该功能对接我国第一家真正具有智能水平的裁判文书预判与自动生成系统——"易判"。平台在收到评估申请后，会自动识别法律要素，智能分析裁判规则，生成包含法律风险提示、诉调成本对比、对策建议等内容的专业、中立评估报告，让用户提前预判纠纷的处理结果，引导其选择多元化解方式。用户在平台提交案情后的一定时间内，将会收到一份包含裁判规则数据检索内容、裁判规则具体分析、评估分析结论总结的书面报告，提示当事人解决相关法律纠纷的法律风险、化解成本与对策建议。针对案由为民间或金融借贷、交通事故、婚姻家庭纠纷的评估申请，平台已实现 30 分钟内生成评估报告；属于其他案由类型的，平台会在 24 小时内生成评估报告。[②]

（三）在线调解

在线调解功能结合了线上和线下双重渠道，整合了人民调解、行政调解、司法调解、仲裁调解、行业调解等各类优质解纷资源，构建了婚姻家事、民间借贷、道路交通事故等类型化解纷模块，为用户提供专业深度的调解服务。[③] 在注册登录后，用户只需知道被申请人的真实姓名及联系方式，填写简单的纠纷信息，即可在线提交调解申请、描述纠纷详情、选择调解机构、上传证据材料等。用户申请后，该申请将即时发送至对应的解纷机

---

① 孟焕良、董东：《浙江全省开通在线 ODR 平台"枫桥经验"给老百姓一个掌上解纷管家》，载《人民法院报》2018 年 6 月 16 日第 1 版。
② 中国社会科学院国家法治指数研究中心、中国社会科学院法学研究所法治指数创新工程项目组主编：《社会治理：新时代"枫桥经验"的线上实践》，中国社会科学出版社 2019 年版，第 14 页。
③ 高敏：《浙江全面上线在线矛盾纠纷多元化解平台》，《浙江日报》2018 年 6 月 14 日第 6 版。

构，机构的管理员会在 3 日内对纠纷做出处理决定，并将受理的纠纷分配至本机构调解员。调解员在收到纠纷通知后 3 日内会联系纠纷双方，确定调解时间、方式等，并在 30 日内完成纠纷调解。[①] 经调解双方同意，调解期限可以适当延长，但最长不超过 30 日，调解全过程实现短信同步通知。用户可以在调解员的主持下参与电话或视频调解，并使用平台的语音转换功能自动生成调解笔录、调解协议等。达成调解协议后，当事人双方可在线同屏确认协议，通过数字签名来确保协议效力。同时，当事人还可以通过平台在线申请司法确认，完成后续流程。

（四）在线仲裁

在线矛盾纠纷多元化解平台的仲裁服务对接仲裁机构，包含当事人身份认证、在线提交证据、签约平台数据直接交互、数据多点同步存储、在线立案审查、在线视频审理、在线全覆盖式送达、结案文书快速生成等功能，可开展在线申请仲裁、仲裁调解等流程。在注册登录后，用户可在线填写仲裁案件信息，缴纳仲裁费用，待审核立案通过后即可等待排期，进行正式的仲裁庭审。同时，用户也可以进行仲裁调解，调解成功将出具仲裁调解书，调解失败将出具仲裁裁决书。借助浙江 ODR 平台，用户可实现全流程在线操作，享受高效便捷的仲裁服务。

（五）在线诉讼

在经过在线调解后，如果矛盾双方未达成和解，当事人可以再行诉讼。

---

① 中国社会科学院国家法治指数研究中心、中国社会科学院法学研究所法治指数创新工程项目组主编：《社会治理：新时代"枫桥经验"的线上实践》，中国社会科学出版社2019年版，第14页。

在线矛盾纠纷多元化解平台对接法院审判系统，可以实时完成民事案件的网上立案、送达、查询等业务。当事人可以通过平台的诉讼服务功能模块直接向法院申请诉讼服务。若当事人双方已经过平台调解，则调解案件的基本信息与证据材料可直接导入法院网上立案系统。通过与法院网上立案平台的数据互通，网上引调案件将自动进入在线平台进行诉前化解，真正做到"数据多跑路，群众少跑腿"。①

在线矛盾纠纷多元化解平台具有解纷资源的集聚性、解纷能力的智能化、解纷流程的递进式等特点。作为纠纷化解网络一体化平台，多元解纷的机理是通过层层过滤的社会解纷漏斗模型，从源头上对矛盾纠纷进行预防、过滤，以达到"无创"或"微创"化解纠纷的效果，打造了跨时空、跨地域的全新解纷模式。现今，在线矛盾纠纷多元化解平台已凭借其灵活性、便捷性和高效性，逐渐成为一种"智能化的解纷管家"。

在线矛盾纠纷多元化解平台也是"智慧司法"建设的重要组成部分，全国多地法院陆续推出了在线调解、远程庭审等网上诉讼服务。网上法庭的兴起不仅有力促进了法院内多元纠纷解决的发展，而且也极大扩充了多元纠纷解决机制的内容。在此基础上，多个城市整合优化社会资源，积极革新解纷机制，统筹兼顾诉讼和非诉讼等多种方式手段，建立了一体化、智能化、便民化的矛盾纠纷多元化解平台，形成了繁简分流、功能互补、程序衔接的矛盾纠纷化解体系。② 这些举措都有效推动了多元纠纷解决机制的完善和社会综合治理水平的提高，在线矛盾纠纷多元化解平台已逐渐由纯

---

① 王春、吴攸：《浙江ODR平台与移动微法院双剑合璧》，载《法制日报》2019年10月24日第6版。

② 胡仕浩：《多元化纠纷解决机制的"中国方案"》，载《中国应用法学》2017年第3期。

粹的在线纠纷解决工具演化为一种独特的"一站式"纠纷解决模式。

三、数字化时代在线矛盾纠纷多元化解的趋势

多元化纠纷解决机制是社会治理体系的重要组成部分，发挥着整合社会资源，动员各方力量，化解社会矛盾的基本功能。北京、上海、浙江、云南、重庆等多地都展开了对多元化纠纷解决机制的探索，极大丰富了纠纷解决机制的实践样态与实施经验。从目前的实践来看，整体上看，我国多元化纠纷解决机制通过系统化设计，构建了开放式、模块化、多元化的网络平台。在数字化时代背景下，我国的多元化纠纷解决机制也呈现出从网络平台到智能辅助、从方便快捷到专业信任、从事后解决到源头治理的发展趋势。

（一）从网络平台到智能辅助

在线矛盾纠纷多元化解平台在运行过程中经历了从网络平台到智能辅助的转变，并且这一变化趋势至今仍在强化。矛盾纠纷多元化解在早期主要依靠在线平台，将纠纷解决从物理上的面对面形式转变为在线沟通的形式。当前矛盾纠纷多元化解开始出现新的趋势：通过预先设计的算法程序，将纠纷解决从单纯的人工处理转变为以人工处理为主、软件程序辅助的形式。网络平台的出现使得当事人无须见面即可解决纠纷，极大降低了纠纷解决的成本和门槛。而算法程序所提供的智能辅助则降低了纠纷处理的人工成本，提高了纠纷解决的效率。目前，作为纠纷解决的第四方，科学技术的纠纷解决能力处于重要的转变时期：从注重应用沟通程序到注重应用

算法和研发人工智能，从简单的信息交换程序到智能的纠纷解决程序。[①] 未来，在某些争议焦点明确、案件事实简单的纠纷类型中，智能技术或许能够发挥重要的作用。例如，针对类型化的纠纷解决工作，可以结合当事人需求和纠纷类型的特点，设计不同的算法程序，提供矛盾纠纷化解的个性化服务。比如，债务纠纷追求效率，家事纠纷则需要情感切入，算法便会将两种类型纠纷分类处理：在债务纠纷中注重协调效率，在家事纠纷中注重当事人的情感需求。当事人可以根据不同的需要，定制不同类型的调解服务。此外，合理的程序设计亦可以减少当事人双方和中立第三方的认知偏差，提高达成高质量处理结果的能力。[②] 然而，目前人工智能的智能化系统远未达到独立解决纠纷的水平，在情绪感知、道德判断、价值推理等方面都无法替代人的作用。智能技术在纠纷解决工作中仍应处于辅助的地位，纠纷解决的决策权仍应当掌握在人的手中。

（二）从方便快捷到专业信任

近年来，矛盾纠纷多元化解的发展方向也逐渐由便利性向专业性转移。早期矛盾纠纷多元化解系统的优势主要在于程序的便利性，当事人既可以借助该系统进行即时远程通信，亦可以随时进行异步沟通。这不仅极大消除了纠纷解决的物理边界，而且也有效减轻了当事人诉累。可以说，方便快捷一直是矛盾纠纷多元化解发展中的一大重心。然而，随着多元化纠纷

---

① [美]伊森·凯什、[以色列]奥娜·拉比诺维奇·艾尼：《数字正义：当纠纷解决遇见互联网科技》，赵蕾、赵精武、曹建峰译，法律出版社2019年版，第68页。

② A. H. Raymond, S. J. Shackelford , "Technology, Ethics, and Access to Justice: Should an Algorithm Be Deciding Your Case？", Michigan Journal of International Law, Vol. 35, No.XX 2014, pp.485–522.

解决机制的推广和应用，民众对其专业性的需求逐渐提高，对相关平台的信任度亦不够理想。如何增强纠纷解决三角形中专业性和信任度的边长，可能是多元化纠纷解决机制在今后的发展过程中所要面临的关键问题。从技术的角度看，解决这一问题需要提升辅助技术的专业性和安全性。这需要对不同的案件进行专业分析，形成更为丰富且准确的数据库，并在此基础上提升智能模型的数据分析和逻辑推理能力，同时，亦要根据风险监管的相关机制不断评估优化模型，建立相应的算法规制。而从人力的角度看，则需要完善法律规范，联通更专业的纠纷解决资源，激发专业人才参与纠纷解决工作的积极性，引领现代纠纷解决方式的迭代升级。

（三）从事后解决到源头治理

当前多元化纠纷解决已经不止于事后的处理，而且还包括事前预防与源头治理。矛盾纠纷多元化解平台中所沉淀的大量数据不仅可以为开发和改进算法提供数据支撑，还可以为社会治理提供事先预警的根据。[①] 依靠大数据技术，可以对不同类型的数据进行自动特征提取和动态聚类分析，交叉对比不同人群产生争议的主要原因，建立区域内纠纷发生的动态模型，进而发挥数据的定位与预测功能，为相关决策提供信息参考。这意味着，纠纷预防工作的重要性将逐步提升，社会治理工作将从末端治理向源头治理转变。这一趋势将改变纠纷解决金字塔的形状：金字塔的第四条边将被打开，从三角形逐渐变成矩形，大量纠纷将通过纠纷解决机制和纠纷预防

[①] 中国社会科学院国家法治指数研究中心、中国社会科学院法学研究所法治指数创新工程项目组主编：《社会治理：新时代"枫桥经验"的线上实践》，中国社会科学出版社2019年版，第35页。

机制得到解决。① 在这一过程中，数据记录与数据研究将成为纠纷预防工作的核心，而这两项工作的公平性、公正性和公允性则将成为质量监控和风险管理的重点。这将引发一些较为关键的问题：纠纷预防和信息收集的范围是什么？相关工作的公开程度如何？如何确保这一过程中的数据保护与隐私安全？如何保证这一实践中的程序正义与实体正义，避免"黑箱"中的算法歧视？可以肯定的是，在实现数字正义的过程中，政府的介入有助于增强纠纷解决过程的公正性。② 让中立第三方检验矛盾纠纷多元化解系统的具体操作，亦有助于系统的整体公平与用户的信任提升。③ 总的来看，尽管纠纷预防尚处于比较早期的阶段，但其已展现出较为明显的机遇，这将深切改变多元化纠纷解决机制的运行方式与纠纷解决的样态。

四、创新发展数字化"枫桥经验"

我国矛盾纠纷多元化解的实践探索在矛盾纠纷的源头治理、多元化解、在线调解、一站式解决等方面，取得了一定的成绩。然而，现有的矛盾纠纷呈现出矛盾形式多样化、矛盾主体群体性、矛盾内容复杂化、矛盾对抗性增强的问题，同时还伴随新科技带来的新型矛盾的激增。为应对矛盾纠纷的新形势，数字化是"枫桥经验"发展的必然趋势，矛盾纠纷化解应当在完善法律规则供给的前提下，建立矛盾纠纷多元化解评价体系，利用数字化技术探索多元纠纷解决的新模式，以国家重大科技创新牵引矛盾纠纷化

---

① D..L. Rhode, Access to Justice, Oxford: Oxford University Press, 2004.
② [美]伊森·凯什、[以色列]奥娜·拉比诺维奇·艾尼：《数字正义：当纠纷解决遇见互联网科技》，赵蕾、赵精武、曹建峰译，法律出版社2019年版，第80页。
③ Orly Lobel, "The Law of the Platform", Minnesota Law Review, Vol.101, 2016, p.87.

解的整体技术升级，提升多元化纠纷解决机制的解纷质效，推动矛盾纠纷多元化解迈向"数字正义"。

（一）矛盾纠纷多元化解的立法完善

在数字化时代背景下，多元化纠纷解决机制获得了更为多样的应用场景。然而，多元化纠纷解决机制的运行也给传统的法律体系带来了诸多挑战，例如，电子证据效力认定的问题、传输过程中数据安全的问题、用户资料的存储问题，以及隐私与个人信息的保护问题等。针对这些问题，当前的法律规则尚未作出明确具体的解答，而不同地方或部门对于多元化纠纷解决机制的规定亦未形成全面系统的观点。为加强诉讼与非诉渠道的相互衔接，形成纠纷解决的良好生态，有必要加强相关的法律规则供给，完善对多元化纠纷解决机制的立法，切实推动数字社会治理的立法进程。完善法律规则供给需要从具体的制度、程序入手，根据现实需要和条件，采取循序渐进、分门别类、逐步推进的方式，通过专门法、单行法规、法律修改等多种方式进行立法，建立专门性制度或程序。[①]

第一，确认多元化纠纷解决机制的法律地位是促进其发展的基本保障。[②] 因此，需要明确多元化纠纷解决机制的法律地位、基本原则与制度导向，确定各类多元化纠纷解决机制的合法性与有效性。最高人民法院已针对法院在线争议解决机制出台了相关规范，尤其是对在线诉讼作出了详细规定，但对于不同在线争议解决机制之间的衔接，尚未出现较为明确的规范。此外，各级地方政府以及立法机关可以充分发挥地方立法的试验性与

[①] 范愉：《当代世界多元化纠纷解决机制的发展与启示》，载《中国应用法学》2017年第3期。

[②] 胡晓霞：《我国在线纠纷解决机制发展的现实困境与未来出路》，载《法学论坛》2017年第3期。

先行性，在地方立法的权限范围内进行制度创新，为在线争议解决制度的发展提供法律依据。①

第二，多元化纠纷解决机制既要界定矛盾纠纷解决作为司法前置程序的合法性，还要界定调解服务机构的主体资格，研究政府、司法机关、社会组织、专业协会等不同主体在多元化纠纷解决机制中的职责分工与法律资格，并妥善处理解纷机制与传统法律体系之间的张力。例如，在管辖权方面，应当对在线诉讼中的集中管辖与地域管辖规则的冲突有所规定。在证据认定方面，应当重新评判并分析电子文件法律证据价值实现的必要条件。在信息安全方面，应当注重防范新兴的纠纷解决方式所带来的数据泄露风险。

第三，从程序性的角度规范矛盾纠纷多元化解的程序，针对矛盾纠纷多元化解的解决路径，做好不同纠纷解决机制之间的衔接和联动，包括诉讼与非诉纠纷解决方式之间的衔接，行政调解与人民调解、司法调解的联动，警务警情与人民调解的对接分流机制。立法上还应当保障对当事人程序性权利的保护，尊重当事人的程序选择权、程序知情权与平等参与权，加强对操作程序与执行程序的规范，推动多元化纠纷解决机制在法治轨道下发展。

第四，多元化纠纷解决机制的法学理论研究亦有待加强。多元化纠纷解决机制是"枫桥经验"的重要组成部分，在数字化时代背景下，新科技对多元化纠纷解决机制的影响日益增长，如何构建多元纠纷解决机制下的新

---

① 中国社会科学院国家法治指数研究中心、中国社会科学院法学研究所法治指数创新工程项目组主编：《社会治理：新时代"枫桥经验"的线上实践》，中国社会科学出版社2019年版，第51页。

理论显得尤为重要。因此，要围绕 ODR 的实践发展，展开从价值观到方法论、从普适性到特殊性、从国家到当事人等各个层面的考察与论证，尤其需要在立法者、法学界和法律实务界，普及现代纠纷解决理论。[①]

（二）构建矛盾纠纷多元化解的质效评价体系

为了进一步提升多元化纠纷解决机制的整体效果，有必要对矛盾纠纷多元化解的平台设计、系统构思、解纷质效与运行效果等进行评估，以确保多元化纠纷解决机制的高效性、合规性以及用户的满意度。[②] 从纠纷解决三角形的模型出发，多元化纠纷解决机制的质效可以从便捷度、专业度和受信任程度等维度来评估。

从便捷度的角度看，质效评估的细化标准可以从当事人的访问方式、信息获取和使用方式、时间成本、金钱成本、平台响应方式、系统对结果的指导等方面进行评价，研究当事人使用多元化纠纷解决机制的必需成本与难易程度。

从专业度的角度看，可以从人员与技术两方面进行综合评价：一方面，要考察多元化纠纷解决机制的专业信息集成水平、解纷人员专业能力、解纷资源丰富程度，研究解决方案是否反映当事人诉求、是否达成有效力的协议、解决方案是否发挥法律效用、后续执行情况如何等问题；另一方面，要评估矛盾纠纷多元化解平台的辅助技术智能程度、检索结果准确程度、评估方案适用程度、解决方案与工作人员的契合程度、相关系统协同程度

---

① 廖永安、胡施浩主编：《新时代多元化纠纷解决机制：理论检视与中国实践》，中国人民大学出版社2019年版，第342页。

② 赵蕾、郭文利：《ODR智能化发展与数字生态系统的建立》，载《人民法院报》2019年12月6日第8版。

等，促进矛盾纠纷多元化解平台不断引入数字化技术，提升专业水平。

从信任度的角度看，应当对不同矛盾纠纷多元化解程序的差异度、信息公开程度、用户的受尊重程度、权益保障程度、数据安全程度等方面进行探讨，对多元化纠纷解决机制的机密性、平等性、公正性、透明度等要素做出评价。同时，还要引入中立第三方对技术系统的设计与运行情况进行观察和评价，以保证多元化纠纷解决机制的客观性、准确性与全面性。此外，在线矛盾纠纷多元化解的使用过程中，还可以通过用户评分的方式，收集当事人关于多元化纠纷解决机制的评价与建议，纳入机制的评价体系。

（三）探索矛盾纠纷多元化解的数字化新模式

数字化时代背景下，互联网、大数据与人工智能技术对多元化纠纷解决机制的发展仍然起着重要作用，探索新兴科技与矛盾纠纷解决机制的融合是"枫桥经验"适应数字化时代发展的必由之路。

第一，新时代的矛盾纠纷化解已广泛运用到"数字政府""智慧司法""电商平台""网络论坛"以及"第三方解纷机构"等数字化场域中[1]，矛盾纠纷化解往往涉及政府部门、科技企业等多个机构，而不仅仅局限于某个部门的职能范围。数字化技术使用的目标之一是满足相关部门的需求，这就需要多个部门共同参与到矛盾纠纷解决的技术研究中，形成多部门联合技术研发的新模式。矛盾纠纷化解应当鼓励政府机构、社会组织、高等院校等积极开展相关研究，推动互联网高新技术的具体应用与项目实践，注重与相关企业的技术交流与战略合作，积极运用新兴技术助力在线矛盾

---

[1] 韩烜尧：《论中国的线上纠纷解决机制（ODR）——"网上枫桥经验"的探索与发展》，载《首都师范大学学报（社会科学版）》2021年第2期。

纠纷多元化解平台建设。

　　第二，推动"人机协同"的矛盾纠纷化解新模式。目前，多元化纠纷解决平台的辅助技术主要包括四方面的功能：一是远程通信，包括远程视频、语音识别等；二是法律咨询，包括纠纷类型识别、法律法规检索、解纷途径推送等；三是法律分析，包括案件分析、类案推送、文书校对等；四是流程管理，包括流程记录、信息存储、模板检索、文书生成、电子送达等功能。[①] 然而，现有技术在数据挖掘、机器学习、自然语言处理等领域仍存在不少难点，例如自学习能力较弱、逻辑推理能力不足、数据样本不全、数据质量差等问题，这些都明显影响着技术系统的功能发挥。对此，需要从两个方面加以应对：一方面，重视对技术瓶颈的研究与突破，建立专业团队，推动技术发展；另一方面，针对现有技术的缺陷与弊端，强化人机协同，增强人在反馈中的重要地位，利用法律规制与监管机制使得技术所带来的负面效果最小化。

　　第三，在技术研发的过程中应加强数据安全与隐私保护，提高多元化纠纷解决平台的安全性。在使用互联网技术实现信息交互的同时，多元化纠纷解决机制也会不可避免地面临个人信息保护与数据安全的问题。为了使多元化纠纷解决机制更好地运行，有必要根据安全技术标准建立信息加密系统，加强病毒防御机制与安全程序研发，为多元化纠纷解决平台提供良好的技术保障。对于算法可能引发的歧视，可以采用开源方法来审查和分类大数据，并设计其他算法监督和偏见修正的机制。[②] 在矛盾纠纷多元化

[①]　郑飞主编：《中国人工智能法治发展报告1978—2019》，知识产权出版社2020年版，第179页。

[②]　Bruno Lepri, Nuria Oliver, Emmanuel Letouzé, et al., "Fair, Transparent, and Accountable Algorithmic Decision-making Processes", Philosophy & Technology, Vol.31, No.3, 2017, pp.611-627.

解的流程管理中，可以建立算法审查机制，通过算法专家的测试来识别算法偏见，弥补技术漏洞。同时，还要为应对社会矛盾纠纷的复杂化而不断提升安全体系，为矛盾纠纷化解的健康发展保驾护航。

第四，以国家重大科技攻关牵引技术创新。我国各地矛盾纠纷化解的数字化技术应用有显著的共同特征，国家层面主导重大科技攻关创新有助于地方共享关键技术，避免重复建设，提升数字化技术的使用效率。国家重大科技攻关应当面向矛盾纠纷化解的技术难点。首先，为识别矛盾纠纷的类型，需要研究矛盾纠纷的分级分类标准，形成国家或行业标准。矛盾纠纷的类型涵盖金融与民间借贷、交通医疗事故、邻里纠纷、劳务劳资纠纷、征地拆迁、房屋宅基地等纠纷类型。其次，为预测矛盾纠纷的处置方案，形成矛盾纠纷的案件画像，还需要研究多元社会矛盾纠纷的知识图谱，涵盖矛盾形成的原因、矛盾的主体、人物关系、事件等。此外，为迅速对矛盾纠纷作出反应，还应当研究社会矛盾纠纷的自动化信息收集技术，由此建立矛盾纠纷的智能研判模型。最后，为可视化展示矛盾纠纷化解多元协同方式、运行机制、业务流程等，还需要研发多元矛盾纠纷分析管控及化解效果评估系统。

回顾我国多元纠纷化解机制的演进历程，经历了由远程 ADR 机制逐渐演变为集 ODR 与在线诉讼功能为一体的在线多元化纠纷解决机制。全国各地在线矛盾纠纷多元化解平台的实践不仅为多元化纠纷解决机制的探索提供了宝贵经验，而且为现代纠纷解决机制提供了一种智能化、协同化、高效化的全新模式，形成了独具特色的数字化"枫桥经验"。当下，矛盾纠纷呈现出多样化和复杂化的趋势。对此，数字化是实现社会治理体系和治理能力现代化的应有之义，多元化纠纷解决机制的应当与时代同步，坚持和发展"枫桥经验"，在自治、法治、德治、智治的"四治"融合新模式的框架下，构建法治保障、公众参与、社会协同、技术创新的新格局，探索多元化纠纷解决的新途径、新办法。

CHAPTER 6

| 第六章 |

平台治理与数字经济的法治保障

2020 年 7 月，中国互联网协会发布的《中国互联网发展报告 2020》显示，我国数字经济规模已位居世界第二，成为经济高质量发展的关键支撑。在 G20 杭州峰会通过的《二十国集团数字经济发展与合作倡议》之后的五年中，我国数字经济规模不断扩张[①]，数字产业化、产业数字化与数字化治理深入推进，数据作为一种生产要素的战略地位得到明确，其经济社会价值不断被挖掘，并在抗击新冠肺炎疫情的冲击中发挥了关键作用。可以说，数字经济已经成为我国经济发展的新动能，发展数字经济也已成为我国重大战略部署。2020 年 10 月 29 日党的十九届五中全会通过的《中共中央关于制定国民经济和社会发展第十四个五年规划和二〇三五年远景目标的建议》明确提出要加快数字化发展，发展数字经济，加强数字社会和数字政府建设，坚定不移地推进"数字中国"建设。

　　数字经济的核心是平台经济。随着互联网和数字时代的到来，平台经济迅速发展，平台企业快速壮大，在优化资源配置、促进国内国际双循环、拓展消费市场尤其是增加就业、推动经济高质量发展等方面做出了积极贡献。不过，平台经济的快速发展也带来一些新矛盾新问题，尤其是平台垄

[①]　"十三五"以来，我国数字经济规模从2015年的18.6万亿元增长到2019年的35.8万亿元，占GDP的比重从27%上升到36.2%，增长贡献率连续五年超过50%。参见中国信息通信研究院：《中国数字经济发展白皮书（2020年）》，2020年7月。

断可能对创新和消费者权益带来的伤害与资本无序扩张带来的系统性风险正在积累。中共中央、国务院在多个场合强调，要统筹做好知识产权保护、反垄断、公平竞争审查等工作，要强化反垄断和防止资本无序扩张，要求金融创新在审慎监管的前提下进行。因此，从完善社会主义市场经济体制、推动高质量发展的内在要求出发，在深入实施数字经济发展战略、全面推进数字赋能新业态新模式的同时，聚焦平台经济发展面临的突出问题，创新监管理念和机制，提升监管水平和效能，统筹做好中央有关平台反垄断、金融监管、数据流动和数据安全等工作的战略部署已成为当务之急。

毫无疑问，要保障数字经济建设全面规范有序进行，推动平台经济新业态持续健康发展，必须充分发挥法律制度的保障与规范作用。笔者认为，新形势下的数字经济规范健康发展和平台治理应当区分平台电商、金融与数据三个面向；特别是，由于平台企业的垄断势力天然受到一些因素的有力约束，因此监管注意力应当更多地放在平台资本无序扩张可能导致的系统性风险上。在推进平台治理的过程中，应当立足全球竞争的战略视野，深刻领会中央强化底线思维、增强忧患意识、提高防控能力、着力防范化解重大风险的战略布局，统筹平台风险监管组织和制度建设，平衡好平台经济发展与平台反垄断、金融创新与金融监管、数据要素流动与数据安全三对矛盾之间的关系。

一、事实基础：数字经济的本质特征

根据 2016 年 G20 杭州峰会通过的《二十国集团数字经济发展与合作倡议》，所谓"数字经济"，是指以使用数字化的知识和信息作为关键生产要素、以现代信息网络作为重要载体、以信息通信技术的有效使用作为效率提升和经济结构优化的重要推动力的一系列经济活动。[①] 在数字经济时代，借助互联网、云计算、大数据、人工智能等数字技术，信息的采集、存储、分析和共享模式发生了根本性改变，人类生产生活的组织模式也因此发生了极大变化。

（一）数字经济的核心在于平台网络化

自古以来，人类经济活动范围的扩张是通过中介完成的。通过中介，各类主体、资源得以集中，原本无法实现的交易价值得以实现。中介可以帮助形成交易搜寻、议价与执行的方式，节约交易成本。同时，中介还可以发挥专业化优势，通过积累知识、维系长期关系网络来扩大市场规模，提升买卖双方的匹配效率。数字时代人类经济活动的组织同样绕不开中介，只不过这里的中介不再是传统意义上的商人，而是以全新的面貌出现的，那就是网络平台；换言之，数字经济的核心就在于网络平台成为经济活动的组织中介，在于交易平台的网络化。

实际上，在 21 世纪初，经济学家埃文斯（Evans）、阿姆斯特朗（Armstrong）、罗赫特（Roehet）与梯罗尔（Tirole）等就提出了双边市场的概念，概括了平台经济组织的核心特征。[②] 所谓的双边市场（或者更一般

[①] 《二十国集团数字经济发展与合作倡议》，载中国网信网：http://www.cac.gov.cn/2016-09/29/c_1119648520.htm，2022年4月28日访问。

[②] D. Evsns, "The Antitrust Economics of Two-Sided Markets", Working Paper, University College London, available at SSRN: https://ssrn.com/abstract=332022; J. -ch. Rochet, J. Tirole, "Platform Competition in Two-Sided Markets", Journal of the European Economic Association1, Vol. 1, No. 4, 2003, pp.990-1029. M. Armstrong, "Competition in Two-Sided Markets", The RAND Journal of Economics,37, 2006, pp.668-691.

的，多边市场），可以粗略地界定为用户之间发生相互作用的一个或者多个平台。特别是，借此可以增加一方用户的费用而减少另一方用户的费用，从而影响交易量。平台在这里实际上提供的是一个现实或者网络空间，扮演着用户之间交易或交换中介的功能。[①] 常见的线下平台有交易所、劳动力市场、集市、商场等，常见的网络平台有电商购物平台、第三方支付平台、网约车平台、外卖平台、社交平台、搜索平台、操作系统等。

双边市场最重要的特性就在于它所拥有的交叉网络外部性。传统意义上，网络外部性是指某种产品或者服务的价值与用户的数量相关，使用某种产品或者服务的用户数量越多，用户可以从中获得的价值就越大。[②] 与传统的网络外部性略微不同的是，平台上的网络外部性特指平台上一方用户的数量将影响到平台对于另一方用户的价值。具言之，平台上常常包含两类用户，一方加入平台的收益取决于加入该平台的其他方的数量。[③] 比如，在网络购物平台上，消费者越多，平台对于入驻商家的价值就越大；反过来，入驻的商家越多，提供的产品和服务越丰富，对消费者的吸引力也就越大。

尽管目前文献大都在强调平台所拥有的这种交叉外部性，但是平台本

① 依据《电子商务法》第九条第二款，该法所称电子商务平台经营者，是指在电子商务中为交易双方或者多方提供网络经营场所、交易撮合、信息发布等服务，供交易双方或者多方独立开展交易活动的法人或者非法人组织。从法律规范上看，这个界定中的平台的功能比真实世界中的平台窄得多，也因此引发了一些争议。这里先从经济意义上考察平台的内涵与外延。

② M. L. Katz, C. Shapiro, "Network Externalities, Competition, and Compatibility", American Economic Review, 75, 1985, pp.424−440; M. L. Katz, C. Shapiro, "Product Introduction with Network Externalities", The Journal of Industrial Economics, Vol. 40, No. 2, 1992, pp.55−83.

③ 参见《二十国集团数字经济发展与合作倡议》，载中国网信网：http://www.cac.gov.cn/2016−09/29/c_1119648520.htm，2022年4月28日访问。值得注意的是，交叉网络外部性不仅可能为正，也可能为负。比如，在电视产业中，如果电视节目的广告时间减少，那么观众数量就会增加。

身所固有的网络外部性同样值得一提。事实上,在笔者看来,数字时代平台经济最重要的特质就在于,网络外部性借助数字技术打破了时空的限制,得到了最大限度的发挥。传统的线下平台受限于现实的物理空间,规模一般有限;与此相反,网络平台几乎不受时空的限制,只要技术手段容许,便可以集聚无限多的用户,也因此使得平台规模不断扩大,用户加入平台的价值相应提升。甚至,互联网上还会出现一些整合平台的"超级平台",比如阿里、腾讯、亚马逊等。这些超级平台整合了丰富的应用场景,致力于提供一个便捷高效的商业生态系统,平台也就不再局限于双边市场,而向多边市场拓展,从而进一步强化了网络外部性。

网络外部性对互联网经济效率带来的影响是全方位的。它强化了市场竞争,尤其是网络平台之间争夺用户的竞争;它可以充分发挥规模经济、范围经济和网络外部性优势,以集中交易替代分散交易,增厚市场,大幅提升买卖双方的匹配效率;因为市场增厚,它可以深化分工链条,提升生产效率,降低产品或者服务的供应成本;因为聚集了大量的消费者,它还畅通了信息流通的渠道,使得消费者议价能力显著提升,消费者福利得以增进。不过,也正是因为这些属性,它同样给网络平台带来了"赢者通吃"的属性,使其面临垄断的风险。

(二)平台的核心竞争力来自平台数字化

数字经济的核心在于交易平台的网络化,而平台的核心竞争力则来自数字化。因为数字技术和大数据的支撑,数字时代的平台获得了传统线下平台没有的核心竞争力。传统的生产要素在融合了大数据以及匹配大数据的计算能力之后,配置效率得到系统性提升。

依照哈耶克的经典论述，经济活动组织的核心难题在于信息的集成和加总。他说道，"假如我们拥有一切有关的信息，假如我们能从一个已知的偏好体系出发，假如我们掌握现有方式的全部知识，那么所剩下的不过就是一个逻辑问题"。可问题是，"经济运算所依赖的'数据'从来没有为了整个社会而'赋予'一个能由其得出结论的统一头脑，而且也绝不可能像这样来赋予"。换言之，经济活动组织的核心问题就在于"如何利用并非整体地赋予任何人的知识"。[①]

与传统的经济组织不同，数字时代的到来使得这一问题获得了全新的答案。借助数字技术以及平台所吸引的众多用户，平台经营者第一次掌握了海量的数据资源。这些数据承载着诸多关于用户决策的信息，这些信息包括但不限于用户的能力、意愿等；基于此，在人工智能算法与大数据等技术的辅助下，平台经营者便可以克服信息的不对称而获得强大的市场预测力，更为高效地开展商品生产、销售、定价等生产经营活动。

举个例子，传统金融行业效率提升的主要障碍之一就是信息不对称以及由此导致的道德风险和逆向选择。为了解决比如借款合同订立之后的道德风险问题，出借人当然可以要求借款人在合同订立时就提供财产抵押或者担保。可问题在于，并非所有潜在的借款人都有能力提供担保。这时，如果出现一个第三方平台，利用借款人在其平台上沉淀的工作、收入和资产、交易记录、守约记录等信息，便可以评估借款人的履约能力或者违约概率，从而进行风险定价。换言之，借助平台沉淀的数据与算法技术，资金借贷双方之间的信息几乎完全对称、交易成本极低，原本因信息不对称而无法实现的交

---

① F. Hayek, "The Use of Knowledge in Society", The American Economic Review, 35, 1945, pp.519-520.

易便可能出现，从而极大地扩大了交易的范围、数量，提升效率。

不仅如此，因为拥有了数据，平台经营者还很容易利用自己所掌握的数据要素资源，打破传统市场的边界，实现跨界经营。这也是为何市场上有越来越多的超级平台开始提供商品销售、信息、搜索、定价、协调、社交、金融等综合性服务。因为数字化而带来的综合化，平台经济的竞争格局和状态也发生了相应的实质性改变：一时一地一领域的盈亏不再成为平台经营者考虑的核心因素，在算总账的基础上实施交叉补贴变成常规策略；特别是，如果某个领域可以获得关键数据，那么即便亏损运营也是可接受的。如后文所述，这种特性不仅可能强化平台的垄断优势，带来更大的反竞争效应，而且可能导致系统性风险。

二、价值基础：平台网络化与数字化带来的法律风险与挑战

（一）一般观点及其误区

通说认为，互联网给交易带来的变化主要体现在两方面：一是强化了交易双方信息的不对称，二是强化了交易双方地位的不平等，从而使得消费者的权益更容易受到侵害。[①] 沿着这一思路，在应对相关问题时，强化信息披露或明示义务、约束经营者行为等方式就获得了青睐。然而学理上，这里的逻辑存在跳跃，因为线下也存在同样的问题，且常常更为严重。甚

---

① 参见李适时：《关于〈中华人民共和国消费者权益保护法修正案（草案）〉的说明》，载《全国人民代表大会常务委员会公报》2013年第6期。

至可以说，恰恰是因为更好地解决了这些问题，线上交易才能获得如此迅速的发展。①

第一，线下交易中一样存在信息不对称问题。为了解决该问题，线下出现了广告、口碑等降低搜寻成本的方式，线上也是如此。然而相比线下，线上广告投放的效率在大数据算法和搜索引擎的帮助下大幅提升，定向推送、大范围比较这种在线下不可想象的模式在线上唾手可得；与此同时，线上交易中发展起来的消费者评价体系让线下只能在小范围内口口相传的口碑和声誉得以迅速扩散，使得消费者搜寻产品和价格信息的成本迅速降低。

不仅如此，通过以集中化交易替代分散化交易，线上交易的匹配效率飞速提升。线下交易大都是通过分散化的方式组织起来的，匹配成本极高。假定有 n 个买方、m 个卖方，那最多就需要 n×m 次为了匹配而展开的分散搜寻。为了提高匹配效率，一些企业家开始把交易双方组织在一起，建立所谓的交易场所，比如集市、超市、一站式采购中心乃至证券交易所等。如此，潜在的交易者就不再需要逐一展开搜寻匹配，而是可以在有组织的交易场所中集中地获得交易方的信息并实现匹配。②互联网时代来临后，几乎所有领域都在朝着集中交易的方向前进，各种网络平台经营者层出不穷；甚至，互联网本身已成为一个巨大的平台——这在以往是不可想象的。借助这些网络平台，搜寻成本迅速下降，匹配效率迅速提升。

---

① Avi Goldfarb, Catherine Tucker, "Digital Economics", Journal of Economic Literature, 57, 2019, pp.3-43.

② 用2012年诺贝尔经济学奖获得者阿尔文·罗斯的话来说，让市场变厚、变稠密是其发展的首要条件。这也就是集市、股票交易都不会一天到晚开启的缘故之所在。参见[美]罗斯：《共享经济：市场设计及其应用》，傅帅雄译，机械工业出版社2015年版，第8页及以下。

第二，互联网不仅极大提高了搜寻和匹配的效率，而且极大提升了讨价还价的效率。线下的讨价还价成本很高，因为在议价过程中，如果没有替代选择的相关信息，或者替代选择不可及的话，交易双方面临的实质上就是一个单边或双边垄断的交易结构，导致议价很容易演变成一个漫天要价、就地还钱的漫长过程。与此相反，线上的议价过程发生了根本转变，因为替代选择常常就是一次点击或者一次搜索的事情。除此之外，线下的议价过程还很容易受到消费需求的个性化以及有限理性、法律风俗等约束条件的影响；而在线上，交易过程变得简单、标准、程式化，议价费用也因此迅速下降。

综上，互联网的出现对于撮合交易而言无疑益处极大。它不仅显著降低了搜寻成本、提升了匹配效率，而且消除了许多议价障碍，从而极大地拓宽了交易范围。也正是在这个意义上可以说，线上交易与线下交易的差异不在于交易伙伴的搜寻与匹配中存在的信息不对称，也不在于交易议价过程中存在的地位不平等。

（二）问题的关键：交易实施方面的新挑战

那么，线上交易带来的变化到底是什么呢？沿着合约理论的视角，任何交易，无论线上线下，其顺利完成都需要经历三个阶段：首先是交易伙伴的搜寻与匹配，其次是交易双方之间的讨价还价，最后是交易的实施。互联网带来的交易结构的变化正体现在交易的第三阶段也即交易的实施上，

168 数字法治：实践与变革

这些变化源自互联网交易的两大核心属性——一次性、远程性。①

互联网上经营者与消费者之间的交易大都是一次性的、远程的。于是，线下交易所依赖的基于重复博弈而实现的对经营者机会主义行为的约束机制在这里就失去了作用。在重复博弈很重要、声誉很重要的交易环境中，经营者在决策时一般会考虑前期的专用性投资是否能收回，短期的掠夺式策略是否划算，是否会影响自己的社会形象进而在其他社会活动中遭到排斥。而在线上，因为客户可以得到迅速补充，商业行为也不大会影响到社会形象，经营者就可能变得短视，甚至选择背叛。

确实，在这个过程中，网络平台也发展出了一些有效的手段来克服实施难题，比如第三方支付与保证等。不仅如此，线上第三方实施机制的效率在某些场合甚至还要高于线下的第三方实施机制。这是因为，在线下，消费者因为各种原因并不一定能够完成举证责任；于是，本着谁主张谁举证的原则，消费者权益的保护便很容易陷入困境。②而在线上，因为互联网技术的应用使得交易过程实现了全记录，这就使得证据链条得到了更好的固定，从而显著缓解了实施过程中的信息难题。实际上，也正是借助这些信息，知名的电子商务平台大都发展起了一整套行之有效的纠纷解决机制，并以此来构建平台的核心竞争力。

尽管如此，线上发展出有效的第三方实施机制的平台并不普遍。大多

---

① 据统计，在淘宝所分类的28个行业中，仅有8个行业的重复购买率超过50%；多次购买的比例就更低了。参见《淘宝电商各行业的重复购买率指标》，载聚宝网：http://www.wangju-bao.com/wenzhang/245812403255，2022年4月28日访问。与这里的概括关注交易中博弈结构的变化不同，杨立新教授就把网络交易的特征概括为虚拟性、广泛性、新颖性和变动性四个方面，后文会涉及广泛性。参见杨立新：《网络交易法律关系构造》，载《中国社会科学》2016年第2期。

② 确实，法律可以反过来规定以举证责任倒置为原则，但是这又会导致经营者负担进而产品价格的上升，最终同样无助于消费者福利的提升。

数线上交易与线下一样，主要还是依赖于经营者的自我规制，尤其是建立在声誉、信用或是考虑未来利益情况下的自我约束。可是，声誉机制的作用效果取决于一个有效的声誉评价和传播体系。^① 在线下，这常常是通过两种路径实现的：一是改变博弈结构，建立起重复博弈的预期^②；二是把经济交易嵌入非经济交易中，增加约束力^③。而在线上，博弈结构的转变与交易的虚拟化使得这两种机制很难发挥有效作用。结果，在正式与非正式的第三方实施机制缺位或不健全的那些领域，线上交易的实施难题迅速凸显而出。

（三）问题的恶化：风险的放大与实施难性质的变化

更麻烦的是，在互联网某些属性的加强下，这种实施难题导致的风险不仅量级发生显著变化，而且性质也发生了实质转变。

第一，因为平台的网络外部性，平台天然具有垄断属性，其行为可能伤害到市场竞争。平台经营者常常要么做到第一，要么出局，因此相对于一般企业，其所采取的掠夺性定价、搭售、排他协议、偏向性诱导、价格歧视、提高竞争对手成本等垄断行为带来的排除限制竞争效应可能也就更强。不仅如此，因为平台拥有海量数据，相比一般企业也就拥有更强的能

---

① 这也是《电子商务法》会强调评价规则的重要性，并在多个条款中就此做出规定的原因所在。
② 这也就是社会信用体系重要的原因之一——社会信用体系可以让博弈结构迅速转变为重复博弈。而一旦进入重复博弈，那么声誉与触发策略、针锋相对、相机权衡等策略都可以迅速改变博弈均衡，让合作成为均衡解。参见D. P. Kreps, J. Milgrom, Roberts, R. Wilson, "Rational Cooperation in the Finitely Repeated Prisoner's Dilemma", Journal of Economic Theory, 27, 1982, pp.245-252; R. Axelrod, The Evolution of Cooperation, New York: Basic Books, 1984; M. Nowak and K. Sigmund, "A Strategy of Win-Stay, Lose-Shift that Outperforms Tit-For-Tat in the Prisoner's Dilemma Game", Nature, 364, 1993, pp.56-58。
③ 有关隐性合约理论的讨论可参见G. Akerlof, "Labor Contracts as Partial Gift Exchange", Quarrterly Journal of Economics, 97, 1982, pp.543-569。

力滥用垄断势力，损害消费者权益。进而，因为互联网，平台拥有了跨时空、跨界属性，平台垄断行为的后果相比线下经营者覆盖面更广，因此也可能更为严重。

第二，也更重要的是，线上交易的实施难题还会因为平台固有的一些属性而迅速放大，潜藏系统性风险。其一，相比于线下交易所面对的对象，经营者在线上所面对的对象要广得多。① 借助互联网技术，经营者聚集用户的能力已不再受限于时空，使得每次交易都可能卷入成千上万的交易者。在这样一种交易结构中，经营者决策时面对的收益结构也随之发生了巨大的变化，其选择激进经营或者背叛的收益迅速提升。以预付式消费为例，一方面，作为高效的融资通道、类期货合约，预付式消费会激发商家做出超能力预售决策，导致企业债务规模扩张速度超过产品或服务供应能力，透支信用基础；另一方面，一旦预付式消费策略取得成功并因此筹集到大量沉淀资金，企业经营决策的射程就可能改变——从可持续发展变为寅吃卯粮，乃至想方设法转移资金。这一点典型地反映在线上线下相关案件涉案人数和金额数量级的巨大差异上：线下涉及上千人、上千万金额的案子已算大案要案；而在线上，涉及上万人乃至数十数百万人、上亿元乃至数十数百亿元金额的案子也不少。②

其二，线上还出现了线下交易中少见的杠杆效应，进一步放大了风险。以网络服务的押金为例，作为一种商业信用，押金内生地隐含着信用风险。

---

① 也即杨立新教授所说的互联网的广泛性。参见杨立新：《网络交易法律关系构造》，载《中国社会科学》2016年第2期。

② 如果可以获得统计数据的话，我们预计，线上因为预付式消费导致纠纷的涉及面与金额比例都要显著高于线下。与此同时，依据网上观察到的资料还可以预计，线下预付式消费导致的纠纷大都是源自第一类风险，也即商业运营中的风险；而线上预付式消费导致的纠纷有很大一部分来自道德风险，也即卷款跑路。

在线下，这种风险主要来自押金的退还，不管经营者是故意还是过失。而在线上，预缴押金潜藏的风险已经超越商业风险的范畴。因为经营者可以借助刻意的安排，通过对押金的占有而取得资金的所有权，并在此基础上混同各类资金、展开运作。这里已经牵涉金融风险：一方面，租赁物和押金的分离使得单个租赁物上质押的押金迅速上升，乃至数倍于租赁物的经济价值，使得押金脱离了作为一种担保手段的本质，产生了"资金池"的金融属性①；另一方面，一旦经营者陷入经营困境，因为退出成本的存在，其首选策略常常是隐瞒自己的支付能力，一边转移资金、锁定自身风险，另一边卷入更多的接盘者、转移信用风险，这就使得风险爆发的时间推迟，但也因此扩大了风险涉及面，使得风险一旦爆发就影响深远。

其三，线上实施难题还会因为两个因素而变得棘手：一是风险发现的不能，二是合约履行的不能。在线上，因为依赖算法，操作过程往往在黑箱中完成，使得信息隐瞒很容易出现，由此导致提前发现风险的难度上升。②另外，线下许多实施难题主要体现在债权的执行上，比如押金和预付金的退还难；而在线上，关键已不再是退还难，而是退还不能。因为涉及的资金规模过大，线上交易一旦出问题，经营者常常就会陷入履行不能的境地，即便司法行政机关及时介入也已来不及。换言之，线上交易实施难的关键已不再是传统意义上的执行难或者执行缺位，而是即便存在高效的执行系统，也可能遭遇严重的发现不能和履行不能。

第三，因为涉及数据的处理，平台化还潜藏着不容忽视的数据安全风

---

① 这一点已为法学家所认识。参见徐宏：《共享单车"押金池"现象的刑法学评价》，载《法学》2017年第12期。

② 有关信息隐瞒的问题可参见张翔、邹传伟：《信息隐瞒、信息甄别和标会会案——以春风镇标会会案为例》，载《金融研究》2009年第12期。

险。平台的核心竞争力来自对数据要素的深度处理。为了强化竞争力，首先必须获得数据。为了获得有效的数据，平台有着很强的过度搜集个人信息的倾向，很容易侵犯用户的隐私权。获得数据之后，平台为了更好地利用数据资源，挖掘潜在的商业价值，还可能过度使用数据，滥用大数据算法，掠夺消费者权益。因为数据的高度集中，平台还将面临极大的数据泄露等安全风险。

综上，因为网络平台所固有的一些特性，尤其是这些特性导致的变化使得平台化带来的实施难题凸显而出，并呈现出一些新的特征。对此，法律应该如何面对呢？在我们看来，网络平台的治理应当区分三个面向：电商、金融与数据。因为这三个面向所需要面对的问题、平衡的价值皆不相同，可选择的路径也有所差异。

三、竞争与垄断：电商平台治理的两难

过去一些年，平台经济的发展对人类的生产生活产生了深远的影响，其中最令人印象深刻的就是电子商务的兴起和迅猛发展。依据《中国电子商务发展报告 2019》，2019 年我国电子商务交易总额达到 34.81 万亿元，其中网上零售额达到 10.63 万亿元，又其中实物商品网上零售额 8.52 万亿元，占社会消费品零售总额的比重已达 20.7%。这个过程中，我们见证了许多优秀的电子商务平台企业的快速成长。可以说，我国的电子商务从零

起步，不到 20 年的时间就达到了这样一个规模，成绩举世瞩目。[①]

　　互联网在给消费者带来巨大的便利和福利的同时，也带来了一些新矛盾新问题，尤其是平台垄断可能对创新和消费者权益带来的伤害与资本无序扩张带来的系统性风险正在积累。近年来，"大数据杀熟""二选一"，以增强市场支配地位或排斥潜在竞争为目的的"经营者集中"等行为把平台企业推向反垄断监管的风口浪尖。比如，2021 年 4 月 10 日，国家市场监督管理总局依法对阿里巴巴实施"二选一"排除限制竞争的行为做出行政处罚决定，责令阿里巴巴集团停止违法行为，并处以其 2019 年中国境内销售额 4557.12 亿元 4% 的罚款，计 182.28 亿元，创下了我国反垄断领域行政处罚金额的新纪录，引起了全社会的关注。

　　不过，就平台垄断而言，首先，需要注意的是，获得垄断地位是平台创新与活力的源泉。经济的效率之源在于分工，而分工的深度取决于市场的规模；企业也是如此。只有扩大规模，企业才可能通过内部分工提升效率，降低单位产品的成本，在激烈的竞争中获得优势。因此，在自由竞争状态下，集中是市场竞争的必然结果，是有效率的企业淘汰无效率的企业的自然表现。在数字时代，这一点愈发明显，与传统的平台不同，网络平台可以充分发挥市场与企业规模经济、范围经济和网络外部性的优势，无限地扩展市场的规模和范围，提高市场占有率，因为这是其展开创新的基础。因此可以说，集中已经成为平台时代产业组织的基本特征。

　　其次，集中不等于垄断。在法律意义上，垄断具有明确的内涵和外延。

---

① 依据《全球互联网发展报告2019》，全球50大互联网上市企业中，中国有10家，仅次于美国；在电子商务领域，中国持续处于全球领军地位。任泽平、连一席、谢嘉琪：《全球互联网发展报告2019：中美G2》，载搜狐网：https://www.sohu.com/a/349152697_467568，2022年4月28日访问。

我国《反垄断法》并不禁止企业通过市场竞争壮大自己的力量，通过集中获得市场支配地位，而是禁止企业在不具有正当理由或者豁免理由的情况下实施垄断行为，排除、限制竞争。因此，集中本身并不违法，只是意味着企业具备了实施垄断行为的可能条件之一。

又次，通过集中取得市场支配地位并不意味着平台就一定有能力实施垄断。这是因为，平台垄断天然受到三个方面因素的限制：一是市场竞争是一个动态过程，任何企业都需要时刻面临潜在竞争者的进入威胁。只要市场的进入和退出是自由的，即便市场上只有一个企业，它也不敢随意滥用市场势力，否则就会给竞争对手（尤其是拥有数据也因此很容易进入其他领域的其他平台经营者）提供机会；如果企业生产的是耐用品（比如苹果与微软），它甚至需要面对自己产品的隔代竞争。① 在全球化纵深发展、技术变迁一日千里的数字时代，市场中的在位者还要面对随时可能出现的跨界竞争者和国际竞争者。这也是比尔·盖茨常说"微软离死只有 18 个月"的根源所在。

二是大企业会更加在意未来的声誉。市场竞争的核心在于声誉机制，而大企业和小企业对声誉的在意程度并不相同。企业越大，越重声誉，越不会为了短期利益而伤害消费者权益——因为这样做不值得。不仅如此，企业越大，越愿意在市场信任、竞争秩序这样的公共物品上投入，因为它不仅要对自己的行为负责，常常还要对上下游其他主体的行为承担连带责任。

三是数字时代的一些新特征提高了实施垄断行为的难度。数字时代竞

---

① R. H. Coase, "Durability and Monopoly", Journal of Law & Economics, 15, 1972, pp.143-149.

争的核心依托是数据，竞争的核心对象是用户，而数据和用户的性质决定了平台企业较难获得垄断地位。一方面，尽管数据的使用具有一定排他性，但数据的搜集不具有排他性（大家都可以搜集），替代性极高（不同数据可用于实现同一目标），获得后复制成本极低（存在规模范围经济）。因此与传统的土地、石油等要素不同，平台经营者想要依赖数据获得垄断地位并不容易。只要能吸引到用户，经营者就可以获得数据，进而利用算法展开竞争。各种新平台层出不穷的现象也证明了这一点。另一方面，用户具有多归属性。用户常常是多个平台的用户，无时不在比较不同平台提供的产品和服务，在平台之间用脚投票。面对用户的退出威胁，平台经营者不得不考虑用户需求，想方设法提高用户黏性。不过由于用户在平台间转换的成本并不高，常常只是安装一个应用的问题，因此平台争夺用户的竞争极为惨烈。

再次，平台垄断并不必然导致排除限制竞争。即便平台经营者实施了垄断行为，那也不一定就需要予以规制，因为平台垄断并非天然为恶，它也可能提升效率、促进创新、增进消费者福利。特别是在市场自由竞争的环境中通过技术进步、商业创新形成的平台垄断，不仅不会导致排除、限制竞争效应，还能促进竞争。一方面，这种集中有助于增进消费者福利。通过集中带来的成本优势，平台能以更低的价格提供同样质量的产品和服务。这也是许多平台进入的行业产品价格快速下降的缘故之所在。另一方面，集中是最适应创新需要的市场结构，是创新的重要基础和孵化器。创新的一个基本特征就是高固定成本和低边际成本。在完全竞争的市场结构中，因为没有超额利润，没有积累，创新的研发投入也就无法得到保障，因此很难有真正、持续的创新者出现。尤其是随着研发投入固定成本的日益高企，集中对于技术创新的重要性日益凸显。与此同时，集中还可以通过创新项目的交叉补偿机制分散创新风险，提高创新容错率。

最后，需要警惕的是，近来在国际上兴起了一股平台反垄断的风潮，平台反垄断已经成为大国竞争的手段之一。由于很多平台都是跨国经营者，这一趋势必然对平台经营者及其商业模式产生全面影响。站在全球竞争的立场上，应当考虑平台经济作为我国核心竞争力源泉的现实，不应陷入西方的陷阱。毕竟，经验观察告诉我们，欧盟的反垄断实践大都指向非欧盟企业，美国的反垄断实践大都雷声大雨点小，通常会综合考量国家利益、经济效率、技术创新等因素，日本则一直秉承鼓励本国企业做大做强的战略思路。[1] 尽管我国的平台经济发展势头不错，但也正因如此，更不应落入西方的陷阱，自毁长城。

综上，平台治理电商面向的核心问题在于如何立足全球竞争的大背景，依据《反垄断法》的规范结构，有理有据地评判平台垄断行为的双重效应哪一重占优、是否符合豁免条件或者具有正当理由，平衡好平台电商发展与

---

[1] 比如，对于谷歌公司滥用市场势力，在一般搜索结果的页面中把自身的比较购物服务信息显示在更醒目的位置，使竞争者相关业务处于不利地位的行为，美国联邦贸易委员将这一行为认定为"伤害竞争者、没有损害消费者福利"，并据此终止了反垄断调查；与此相反，欧盟委员会做出了完全相反的认定，要求谷歌公司终止这一行为，并对其施加了24.24亿欧元的罚款。再比如，2001年，美国联邦上诉法院同意杰克逊法官关于微软公司捆绑浏览器与操作系统的做法构成违法的初步决定，却取消了其所提出的结构性拆分方案；与此相反，欧盟委员会则认定微软公司的做法构成滥用市场支配地位，并处以4.97亿欧元的罚款。类似的情形已经出现过多次。参见D. W. Carlton, "Does Antitrust Need to Be Modernized?", Journal of Economic Perspectives, 21, 2007, pp.155-176; [美] J. E. 克伍卡、L. J. 怀特：《反托拉斯革命：经济学、竞争与政策》，林平、臧旭恒等译，经济科学出版社2007年版，第479-503页；王晓晔：《论反垄断法》，社会科学文献出版社2010年版，第225-231页；M. Thomas, "Introduction to the RIO Special Issue on Antitrust and the Platform Economy", Review of Industrial Organization, 54, 2019, pp.617-626; R. W. Crandall, "The Dubious Antitrust Argument for Breaking up the Internet Giants", Review of Industrial Organization, 54, 2019, pp.627-649.

反垄断之间的关系。由于在平台经济领域依然存在比较激烈的"熊彼特式"竞争，是以，对电商平台的监管应当秉持包容审慎的态度，只有在充分的证据确认平台垄断行为导致的排除限制竞争效应大于促进竞争效应时，才予以干预。[1]

四、创新与安全：金融属性平台监管的两难

在电商之外，平台经济在过去一些年中取得显著成绩的另一个面向就是互联网金融。经过多年的探索，我国的互联网金融已经发展成一个极具特色的产业，并深刻地重塑着传统金融业的生态和体系。以第三方支付为例，我国目前已经发展出世界上最大的电子支付市场，仅仅蚂蚁集团提供的支付服务每年的用户就超过了 10 亿人，支付规模已经突破 118 万亿元。除了第三方支付，互联网金融还深度介入贷款、基金、保险等领域，极大地提升了我国金融体系运作的效率，使得普惠金融第一次真正意义上有了落地的可能。[2]

同样，互联网金融在给社会带来巨大的便利和福利的同时，也带来了一些新矛盾新问题，诸如"诱导过度负债消费""掠夺性放贷""侵犯用户隐私""积聚系统性风险"等。因此，从完善社会主义市场经济体制、推动

---

[1]　也正是在这个意义上，在笔者看来，反垄断的程序制度相比实体制度更为重要。在平台时代，证明平台垄断是否排除、限制竞争常常面临着两重挑战：一是证明平台实施的垄断行为导致了排除、限制竞争的后果，二是实施了垄断行为的平台经营者证明自己的行为具有正当理由。这两者都不容易实现。这是因为，我们很难找到如果平台经营者没有实施这种行为，将会对市场、生产成本或者消费者福利带来怎样的影响的反事实。也正因为存在着这样一个因果推断的难题，不当的程序制度的设计就可能导致错判和误判，从而最终伤害到市场竞争。

[2]　黄益平、陶坤玉：《中国的数字金融革命：发展、影响与监管启示》，载《国际经济评论》2019年第6期。

高质量发展的内在要求出发，在深入实施数字经济发展战略、鼓励发展新业态新模式的同时，聚焦互联网金融发展面临的突出问题，创新监管理念和机制，提升监管水平和效能，贯彻落实中央有关审慎监管的战略部署，防范系统性风险，也已经成为当务之急。

互联网金融的治理需要考虑的问题有二：一是金融业务的平台化带来的问题；二是非金融平台因为构建资金池而产生了金融属性。不论是哪一类问题，都会因为平台固有的一些属性而导致系统性风险的放大。这一点已在近来的商业实践中得到体现。从共享单车、在线旅游、在线教育、长租公寓到互联网小贷，暴雷事件层出不穷，不仅极大地损害了消费者权益，而且威胁到社会主义市场经济的健康发展。因此，防止资本无序扩张，对涉金融属性平台的商业模式创新进行统一监管不仅具有必要性，而且具有紧迫性。这里的核心难题就在于如何将金融领域的创新和涉金融的商业创新都纳入审慎监管的框架之中，避免系统性风险的积累，平衡好金融创新和金融安全之间的关系。

（一）金融业务平台化后产生的法律问题及其治理

如前所述，互联网金融的本质在于借助互联网平台构建了一个三方交易的金融服务市场，利用互联网所提供的海量数据和数字技术，极大地缓解了金融交易双方的信息不对称难题，从而使得金融交易的成本迅速下降，交易范围迅速扩大，效率迅速提升。网络平台作为匹配金融交易双方的中介，扮演了信息集聚、传播、整理、加工的功能，并据此从交易中分享收入（主要是所谓的技术服务费）。比如，在互联网借贷领域，网络平台基于用户协议获得用户授权，收集、加工用户信息；尤其是借助平台在商业领域的商品和服务提供，获得了传统金融借贷机构很难收集到的非结构化信用信息，比如身份信息、工作信息、物业信息、履约信息等；进而借助大数据与人工智能等信息技术，互联网金融机构便可以对借款人的信用肖像进行精准刻画，从而完成有效的风险定价，金融借贷市场的信用环境由此便得到显著改善和提升。[①]

然而，也正是因为网络平台的介入，金融风险的表现模式也开始发生实质性转变。通过打通全国市场，互联网金融的发展直接或间接突破了传统上行之有效的分行业、分地区监管模式，导致系统性风险迅速积累。其来源正是前文所提到的三个导致系统性风险放大的因素：一是互联网覆盖面的跨时空属性使得平台集聚用户的能力不再受制于时空，每次交易可卷入大量交易者，风险聚集带无处不在。二是互联网天然的加杠杆能力。互联网的电子化、数字化极大地提升了交易的效率与货币资金流转的速度，结合资金池构建、资产证券化等操作，杠杆倍率飞速上升。三是算法天然的隐蔽性。因为互联网交易大都通过算法模型完成，整个流程处于黑箱之中，使得风险很难在爆发前被及时发现。这些都已在 P2P 领域得到证明。[②]

基于上述分析可知，互联网金融监管的核心难题在于如何将金融创新有效地纳入审慎监管框架之中，避免系统性风险的爆发。理论上，这里监管的核心对象已经从传统的金融机构变为网络平台及其业务模式。然而，由于目前大多数网络平台都把自己包装成所谓的金融科技企业，把自己与

---

① 谢平、邹传伟：《互联网金融模式研究》，载《金融研究》2012年第12期。

② 从2007年的拍拍贷上线，到2015年，网络上运行P2P贷款的平台已经达到3576家。监管的缺失虽然给新生事物的发展提供了极佳的试验场，但是也带来了巨大的社会风险，出现了不少打着P2P网贷之名干着非法集资诈骗勾当的平台，给投资者带来了巨大损失。参见黄益平、陶坤玉：《中国的数字金融革命：发展、影响与监管启示》，载《国际经济评论》2019年第6期。

传统金融机构区分开来，认为自己的主要功能在于为持牌金融机构提供信息服务。因此，问题的关键就转变为对涉金融业务的网络平台以及这些网络平台所提供的数据信息服务进行定性。就此而言，可能的路径有二：一是把涉金融业务的互联网平台界定为信息中介，其提供的数据信息服务属于一般商业服务，无须纳入监管；二是把涉金融业务的网络平台界定为金融中介，其提供的数据信息服务属于金融服务，应当纳入监管。

第一种思路在《网络借贷信息中介机构业务活动管理暂行办法》中得到体现。该办法明确，中介机构不承担借贷的违约风险。然而，这一定性与互联网金融的实际运行模式并不相符。这是因为，网络平台在金融交易中的收费模式常常是按照相应利息（或管理费）收入的比例进行提成。这种收费模式意味着，界定为信息中介的网络平台实际上获得了基于借贷（与其他金融服务）而获得的收入，却无须承担因为借贷产生的风险和成本，仅需承担因为未履行合理的信息审核义务而导致的风险。这种收益与风险的错配在平台属性的加成下，很容易演变为跨时空的系统性风险。

第二种思路是把网络平台界定为金融机构并纳入监管。实际上，金融行业的本质无非就是一个信息匹配。以银行为例，通过吸收存款，寻找潜在贷款客户，银行在传统上也是扮演着一个"金融中介"的功能。互联网金融的出现改变了信息匹配的模式和效率，却没有改变基于信息处理的角色，无非是应用了新的技术而已。如果金融交易中关键信息的提供者无须承担相关风险，那必将形成对传统金融机构的巨大优势，造成监管套利。因此，把网络平台认定为金融机构是控制互联网金融系统性风险的必由之路，具有合法、合理性。

现实的问题在于，目前的互联网金融监管体系并不是按照第二种思路设计的。目前的监管不仅没有涉及对网络平台的终端销售行为尤其是信息搜集、加工、提供行为的监管，也没有要求网络平台承担与终端销售角色相一致的责任；与此同时，传统分业监管的模式导致在互联网金融服务监管中银行、证券、保险监管机构各行其是，监管标准和手段不统一，要求也不一样；即便在"蚂蚁事件"之后，互联网金融平台按照目前央行和证监会的要求，通过成立金融控股公司的方式被纳入监管，但是由于未能明确信息提供行为的性质，互联网金融平台也依然很容易通过剥离其"科技"业务而逃脱监管。

综上，在互联网金融的监管上，治本之道在于重新界定互联网金融平台信息提供行为的性质并把其纳入监管。

（二）非金融业务平台化后产生的法律问题及其治理

近年来，伴随着我国互联网经济的快速发展，一些传统的商业模式在进入互联网领域之后，也展现出了全新的法律特征，引发了一些新问题新矛盾。以预付式消费为例，2017 年，上海市消费者权益保护委员会接到众多消费者关于悦行信息科技（上海）有限公司（布拉旅行）不履行约定的投诉，消费者集中反映的是布拉旅行通过各种互联网渠道，低价招揽顾客，并以预收款的方式销售旅游产品。在消费者向其确认具体行程时，该公司以种种理由拒不履行合同约定且迟迟不予退款，相关投诉在短短 1 个月间达到 4800 余件。2018 年 1 月 19 日，上海市消保委官网发布 2018 年第 1 号投诉公告，披露了在线旅游 APP 布拉旅行因为预约难、承诺无法兑现引发消费者集中投诉的消息。2018 年 3 月 5 日，浦东新区人民检察院依法以涉嫌合同诈骗罪对犯罪嫌疑人批准逮捕。据司法审计，该案涉及 1.6 万名受害者，涉案金额达 1.56 亿元人民币。①

从商业上看，布拉旅行采用的实际上就是互联网中常见的"拼团"模式。借助互联网聚集起来的大批消费者，布拉旅行得以实现批量采购，从而压低产品和服务价格；进而，因为性价比高，布拉旅行又吸引了更多的消费者。然而，因为过分压低拼团价，使得产品价格远低于市场价乃至成本价，布拉旅行就得寻找其他利润来源。为此，布拉旅行采取了"预售＋预约"的模式。消费者为了获得潜在的折扣，就需要预付价款；不仅如此，在预付价款之后，还需要进行出行预约。借助这种模式，布拉旅行得以建立起一个"资金池"，并对这个"资金池"做通盘考虑，在不同产品线、不同时段消费者缴纳的预付款之间进行相互补偿。

目前，采取这种"先预付、后交付"模式打造"资金池"，然后在确保现金流不断裂的基础上展开商业运营的互联网企业不在少数。大部分打着"共享"旗号的商业模式的核心都在于此。这种模式无疑有其效率。它借助规模经济和外部经济提升了资源配置效率，降低了企业成本进而产品价格，最终实现消费者与经营者的双赢。然而，这种模式同样潜藏着巨大的风险。这首先是来自经营者资金流断裂的风险：当新收的预付款无法应付迅速扩张导致的开支增长，企业现金流陷入枯竭时就将走向亏损。近几年频频出事的长租公寓暴雷就是出了经营上的问题。在经营风险之外，这种模式隐藏的更大风险来自人性的恶，也即所谓的道德风险。当一个产品，不论是因为其实质上的吸引力还是包装出来的吸引力，借助互联网迅速积累起庞大的消费者群体，进而通过商业模式创新建立起一个巨大的"资金

---

① 陆依婷、刘浩：《上海市消保委发布十大消费侵权案例》，载《广西质量监督导报》2018年第7期。

池"时，很难想象有人经得起这个诱惑。一旦监管缺位，这时所谓的"企业家"想的常常不再是如何扩大经营规模，做大做强，更不用说风险控制了；他们想的很可能只会是如何转移资金。这就是近年来"跑路"案子常现网络的缘故。

归根结底，这些风险的出现与放大正是因为互联网的介入导致传统商业模式背后交易结构发生了实质性转变。借助前文提及的互联网的广泛性和杠杆效应，经营者可以实现面对无比广泛的非特定对象的凭证发行，使得比如预付式凭证背后所体现的法律关系超越了区域和行业的边界，展现出金融属性——其中牵涉的资金规模会随着发行规模的增加而扩张，其背后牵涉的风险也会水涨船高，最终甚至可能影响到金融秩序和金融安全。[①]

对于这种变化，传统规范要么没有考虑到，要么考虑不足，依然还是从民事法律关系的视角进行处理，不能捕获这些现象背后的金融属性，未能在促进商业创新、保障金融安全与维护消费者权益之间找到平衡。尽管在经历了一段阵痛期后，监管部门逐渐意识到非金融业务在经过互联网的加成后可能产生的性质变化，但是目前监管部门出台的监管规范不仅表现出明显的头痛医头、脚痛医脚的"救火"性质，而且存在政出多门、多头监管，导致监管效率低下的特征。典型的比如网约车平台出现押金退还难，交通运输部门便印发了《交通运输新业态用户资金管理办法（试行）》；在线教育领域出现了停课跑路，教育部等六部门便出台了《关于规范校外

---

① 仅就预付式凭证而言，它至少已经具有两重金融属性：一是支付手段，二是信用工具。参见王建文：《我国预付式消费模式的法律规制》，载《法律科学》2012年第5期；刘迎霜：《商业预付卡的法律规制研究》，载《法商研究》2012年第2期；陈一新：《单用途预付卡金融异化、裁判反思与展望——基于139份案例的实证分析》，载《科技与法律》2018年第1期；陈沛：《预付式消费：本质、问题与治理——兼评〈上海市单用途预付消费卡管理规定〉》，载《北方金融》2019年第1期。

线上培训的实施意见》；长租公寓领域出现系统性风险，住建部便牵头推进《住房租赁条例》的制定工作。这种做法导致风险防控措施只能覆盖很小的范围，无法适应平台风险的变化趋势，实践证明监管效果十分有限。再比如，针对预付卡乱象，中国人民银行先出台了《非金融机构支付服务管理办法》，之后又牵头出台《关于规范商业预付卡管理的意见》，而后商务部又制定了《单用途商业预付卡管理办法（试行）》，各个地方也出台了各自的配套政策。尽管数量不少，但这些规范不仅难以适应平台风险的监管需求，而且彼此之间相互矛盾，导致监管缺位与监管过严并存。

显然，这种监管模式治标不治本。对于非金融业务因平台化而产生金融属性的现象，政府应当引起重视，明确依照金融业务审慎监管的要求，统一设立监管主体，建立健全平台金融风险监管体制。

五、利用与安全：数据处理平台治理的两难

数字经济是继农业经济、工业经济之后人类社会发展到达的一个新阶段，其核心就在于以数字技术为依托，以数据作为生产要素。由此，数据超越传统的土地、劳动力、资本等要素，成为组织生产中最重要的投入。如果说从 100 年前开始，石油就成为现代社会最重要的大宗商品，那么100 年后，数据已经成为现在数字经济时代最重要的大宗商品和促进经济发展的生产要素之一。2019 年 11 月召开的中共十九届四中全会首次提出将数据作为生产要素参与收益分配。2020 年 3 月 30 日，中共中央、国务院在《关于构建更加完善的要素市场化配置体制机制的意见》中明确提出，要加快培育数据要素市场。从国际上看，数据要素的重要性不断得到强调，

世界各国对数字资源的依赖程度不断加深，大国竞争的焦点已经从资本、劳动力转向数据资源的争夺和攫取。这一点在新冠肺炎疫情的冲击下更是深入人心。可以说，没有数据以及相应的数据处理技术，不仅抗疫的效果会大打折扣[①]，甚至许多人的基本生活保障都将受到影响，全球主要经济体中唯一实现正增长的成绩更是无从谈起[②]。

同样，数据的利用在给社会带来了巨大的便利和福利的同时，也带来了一些新矛盾新问题。实际上，平台治理的电商面向与金融面向中有很多问题就与数据的利用有关，比如大数据杀熟、侵犯用户隐私权、金融科技的广泛应用穿透传统金融监管模式后带来的系统性风险、数据泄露导致的安全风险、数据集中导致的垄断风险等。在这些问题之外，在网络平台为了建构自身的竞争优势而展开数据收集、加工和使用的过程中，一些与数据处理行为相关的问题也随之凸显而出。特别是，平台数据收集过程的隐蔽化、数据产权的私有化、数据使用的黑箱化所带来的平台数据垄断问题也正日益引起人们的关注。因此，就平台治理的数据面向而言，核心的难题就在于如何平衡好数据利用与数据安全之间的关系。

不论是利用还是安全，首先都应当把握数据的特质。有些学者认为，数据是新时代的石油。但是显然，这二者完全不是一样的事物。石油不可再生，具有竞争性，而数据具有可复制性且复制成本极低，一个平台的使用并不影响另一个平台的使用。一般情况下石油产权明确，而数据的搜集不具有

---

① 郭峰：《数字经济在抗击新冠肺炎疫情中的作用与问题：一个文献综述》，载《产业经济评论》2021年第1期。

② 根据吕本富的总结，抗疫催生了24个数字经济新业态。而且，这些数字经济的发展，不仅本身对冲了疫情对经济的总体冲击，而且为其他行业，以及政府和居民对抗疫情、缓解疫情冲击创造了条件。参见吕本富：《抗疫催生的24个数字经济新业态》，载数字经济学会公众号，2020年4月3日。

排他性，不同平台都可以搜集同一主体的数据信息，不过数据的使用可以通过物理和技术手段实现排他。[①] 从这两个维度上看，至少数据在生产过程中看起来似乎是一种公共物品。但是与一般公共物品不同，数据必须达到足够量才拥有价值，也即所谓的"大数据"；与此同时，与一般公共物品的耐用程度不同，数据的价值还有赖于持续的更新。最后，一旦涉及个人信息，数据还将拥有一种与劳动力之外的其他要素资源完全不同的属性：人格属性。

数字经济的核心动力来自对数据要素的搜集、加工、利用，对数据价值的深度挖掘。可以说，没有数据资源的充分流动和有效配置，没有数字技术的更新迭代，就不会有数字经济的发展。目前学界通行的观点认为，数据确权是数据流动与交易的前提。确实，正视数据的财产属性，对从数据处理中获得的合法权益及其合法交易行为予以保护，无疑对于数据的流动而言至关重要。不过，需要仔细思考的是，如何确权？由于数据的价值依赖于数据的数量，因此，不合理的数据权利制度安排（尤其是分散到个人信息主体的排他性权利安排）极有可能导致数据的流动性降低，最终导致数据价值的减损。

依据科斯定理，在交易成本低于交易盈余的情况下，法律制度如何安排对于资源的配置效率而言并无显著影响。然而正如科斯所言，交易成本为零是一个十分不切实际的假设，真实世界的运行处处存在摩擦，而且"这些摩擦导致的耗费颇巨，足以使得许多原本在定价价格机制系统运行无需成本的世界中可能发生的交易遭到抑制"。因此在这个意义上，规则设定者的任务应该是考察真实世界运行的成本结构，进而"考虑不同社会安排的运行成本"与总体影响，据此展开比较制度分析，选出总效益最大（或者交易成本最小）

[①]　当然，一旦数据（产品）的权益构成《知识产权法》《反不正当竞争法》等法律保护意义上的客体，那也就实现了排他。

的制度安排。^① 由于绝对的权利设置往往会引出敲竹杠行为，从而带来高昂的交易成本，因此应当慎重。^② 实际上，经济发展的历史已经证明，清晰的产权并非发展的必要条件，因为主体还可以通过市场交易（准物权行为）等方式来界定产权，尤其是排他权。从这一点上讲，在交易成本结构没有完全厘清之前，法律制定者应当遵从包容审慎的原则，以宽进严出的方式设置兜底责任，在守住底线风险的前提下保护合法的数据交易行为。

数据确权还应当考虑数据的类型特点、参与者的性质、具体的场景。数据包括数据产品和数据信息，前者是表现形式，后者关乎内容实质，包括个人信息和非个人信息，个人信息又可以进一步分为敏感信息和不敏感信息。^③ 数据还可以依据控制者的不同分为公共数据与非公共数据。可以说，这些数据类型的交易涉及的成本结构完全不同，因此其界权规则和交易方式也应当有所不同。比如，对于经济价值较大且经过脱敏的个人信息，在知情同意原则的基础上，可以健全法律和交易规则，要求处理者承担利用个人信息的安全保护义务，并探索租赁式交易、一次性拍卖、补偿使用、数据信托等交易模式，刺激原始数据的生产和提供。^④

最后，最重要的当然是数据安全的底线。那么，底线在哪里呢？数据资源的充分流动和有效配置可以带来数字经济的发展，但是也可能带来数据的安全风险。^⑤ 安全是发展的前提，因此，既要赋权，又要规范数据处理行为。目前，我国的《民法典》《网络安全法》《刑法》，以及近年通过的

---

① Ronald Coase, "The Problem of Social Cost", Journal of Law and Economics, 3, 1960, pp.1−44.
② 纪海龙：《数据的私法定位与保护》，载《法学研究》2018年第6期。
③ 纪海龙：《数据的私法定位与保护》，载《法学研究》2018年第6期。
④ 熊巧琴、汤珂：《数据要素的界权、交易和定价研究进展》，载《经济学动态》2021年第2期。
⑤ 数据安全不仅包括个人信息安全，而且涉及企业商业秘密，以及社会安全和国家安全。

《个人信息保护法》《数据安全法》等法律皆从不同的角度对数据和个人信息的相关权利与处理行为进行了规范。[①] 理论上，有效的数据安全制度应当以分级分类为前提，因为不同类型的数据潜藏的安全风险并不一样。为了解决个人和数据处理者的激励问题[②] 和信息悖论问题[③]，同时避免数据的垄断和滥用，应当针对不同的隐私和风险级别，赋予数据生产者（自然人）不同级别的拒绝权、可携权、获取收益等数据权益，赋予数据产品的拥有者（控制者）有限制的占有权、使用权、处置权、收益权[④]。在赋权的基础上，还应当要求数据产品的拥有者和个人信息的处理者承担相应的安全责任、遵守通行的算法伦理准则，同时建立数据垄断预防机制和数据安全事故应急管理制度，实现对数据的全流程、全方位保护。

六、安全与发展：平台治理的两个大局

2013 年 9 月 30 日，中共中央政治局以"实施创新驱动发展战略"为题

---

① 我国《民法典》规定，个人信息处理应当遵循合法、正当、必要的原则（第一千○三十五条）；采集应当遵循告知同意、法定例外的规则（第一千○三十五条）；敏感信息非特定主体不得采集（第一千○三十三条）。

② 在数据处理者的激励上，目前遇到的最大的难题是公共数据的开发利用。由于公共部门很难从数据的公共开发利用中获取利益，同时还要承担相应的维护数据安全的责任，由此便陷入了一个激励的困境。

③ 所谓的信息悖论指的是，信息进行交易的前提是买方能够评价该信息的价值，而评价该信息的价值要求潜在购买者对信息有所了解，但是一旦潜在购买者了解数据的全部信息，则购买该数据的价值就会降低。特别的，即便理论上可以对数据进行确权，但是也很难防止交易相对人将数据用于二次转售，从而损害数据权益拥有者的合法利益，因此如何防止这种行为便成为数据交易所需要克服的关键难题之一。

④ 美国就针对不同行业制定了不同的数据规制法，比如《财务隐私法》《公平信用报告法》《有限通信信息法》《健康保险携带和责任法》等，体现了分类分级保护隐私和鼓励交易的思想。

举行第九次集体学习，习近平同志在主持学习时指出："即将出现的新一轮科技革命和产业变革与我国加快转变经济发展方式形成历史性交汇，为我们实施创新驱动发展战略提供了难得的重大机遇。"[①] 短短 20 多年，我国已成长为互联网大国，数字技术日新月异，不仅数字行业蓬勃发展，而且通过赋能传统产业，催生了各种新模式新业态，在提升政府治理能力上也是贡献卓著。可以说，数字经济正在以前所未有的速度、广度和宽度，深刻地影响着人们的生产生活方式，重塑着社会经济的治理结构和空间格局。

数字经济在带来巨大福利的同时，也引出了一些新问题新矛盾，尤其集中地体现为平台化带来的垄断问题、系统性风险和数据安全问题。面对这些新问题新矛盾，治理的关键应当在于把握平台这一新生事物的本质，实现"源头治理""有效治理"。概言之，监管者应当立足全球竞争，区分平台的电商、金融和数据面向，妥当确立监管目标和原则，统筹安全与发展，并采用相应的手段，平衡好平台经济发展与平台反垄断、金融创新与金融监管、数据要素流动与数据安全三对矛盾之间的关系。

具言之，对待平台垄断，总体上仍应遵循包容创新的态度，在优化营商环境、保护平台经营自由的基础上，强化平台竞争。平台反垄断的关键不在反对平台静态的市场支配地位，而在维护公平竞争、开放包容的发展环境，促进动态竞争，迫使平台不断提升技术水平与创新能力，从横向扩张转向纵深发展，做精做强。在反垄断之外，平台固有的系统性风险应当受到重视，尤其是涉金融属性的平台。尽管我国已经建立起比较完善的金融监管体制机制，但是在平台创新面前，这些体制机制有被架空的迹象，

---

① 《习近平：敏锐把握世界科技创新发展趋势　切实把创新驱动发展战略实施好》，《人民日报》2013年10月02日第01版。

尤其是行业监管的体制已经难以适应平台风险跨界、跨时空的特性。因此，平台金融风险防控应当强化底线思维，抓重点抓关键，建立健全平台金融风险统一监管体制和应急处置机制。而由于不论是垄断问题还是系统性风险，最终都有赖于数据这种要素在平台化过程中起到的关键作用，因此，未来很长一段时间内平台治理的工作重点应当放在深化数据要素市场体制机制改革，健全数据要素市场运行机制，在确保数据安全的前提下，完善数据治理规则体系。特别的，由于竞争是约束平台逐利和无序扩张最好且成本最低的手段，因此可以说，有效地平衡数字经济发展带来的三对矛盾的核心关键就在于如何促进数据流动，提高数据获取和利用的竞争水平。

党的十九届四中全会重要报告指出，我国的国家制度和国家治理体系具有多方面显著的优势，为实现"两个一百年"奋斗目标，我们需要把我国制度优势更好地转化为国家治理效能。换言之，在实践证明中国特色社会主义制度和国家治理体系具有强大生命力和巨大优越性的共识基础上，国家制度与治理能力现代化建设的重点应该逐步从"制度的完善"转移到"有效的治理"上来，把治理绩效作为评价一种"制度"好坏优劣的核心标准。这一认识同样适于平台治理。在确立了值得追求的核心价值之后，应当基于翔实的比较制度分析和扎实的成本收益分析思考：哪一种或几种治理手段可以实现立法目的？哪一种治理手段的成本最低，伤害最小？哪一种治理手段的收益与其成本成比例？这些治理手段之间存在什么关系？需要如何安排才能相互促进？如此，才能真正响应国家治理体系建设的要求，实现从经济规制向经济治理的转变。

第七章

网络空间秩序与数字违法犯罪治理

一、总体国家安全观视阈下网络安全保障

　　随着科学技术的迅猛发展，网络在我们的日常生活、工作中扮演着愈来愈重要的角色。可以说，网络已深刻地改变了我们的生活方式、思维观念，并逐步改变着社会组织形式。① 有学者指出，传统工业社会乃单层社会即现实社会，而在信息时代，现实社会与虚拟社会并行的"双层社会"已经到来。② 这一概念在相当程度上反映了信息时代的现实：人们将更多的时间和精力投入网络虚拟空间或者说网络虚拟社会，网络虚拟社会日益成为我们日常生活、生产所不可或缺的部分。"互联网的发展与发达，使人们的生活空间由现实向虚拟延伸，'在线'成为当代人'在世'生活的一种方式。"③

　　网络虚拟社会中的人和人之间的交往范式与现实社会中的人和人之间的交往范式是迥异的。其一，在网络虚拟社会中，人和人的交往呈现出匿名化的特征。在网络空间中，公民可轻松地隐匿自己的身份甚至性别，自

---

① 敬力嘉：《网络空间秩序与刑法介入的正当性》，载《刑法论丛》2017年第4期。

② 郭旨龙：《"双层社会"背景下的"场域"变迁与刑法应对》，载《中国人民公安大学学报（社会科学版）》2016年第4期；陈洪兵：《双层社会背景下的刑法解释》，载《法学论坛》2019年第3期。

③ 高国其：《网络"虚拟财产"的现实定位与刑法规制》，载《重庆大学学报（社会科学版）》2017年第3期。

由地选择所想要扮演的角色。其二，在网络虚拟社会中，人和人的交往呈现出密集化的特征。由于摆脱了实体空间的束缚，人们可以在同一时间内和多人进行交往和联络，交往的频次变得更为密集。其三，在网络虚拟社会中，人和人的交往呈现出随意性的特征。由于网络空间的虚拟化，公民隔着电脑屏幕从事活动和交往时，规则意识更弱，这导致了网络空间中"越轨行为"相较于现实空间更高发。正是由于在网络空间和现实空间中，人的交往逻辑和方式是不同的，导致网络犯罪和现实世界中的犯罪在样态上也颇为不同。总的来说，网络犯罪有如下三点基本特征。

第一，网络犯罪呈现高发态势。根据相关统计，截至目前，网络犯罪数量占犯罪总数的 1/3，网络犯罪已成为名副其实的第一大犯罪类型。[①] 不仅数量惊人，而且逐年呈现高发态势。根据最高人民法院发布的《司法大数据专题报告：网络犯罪特点和趋势》，网络犯罪年平均增幅逐年上升，2016 年到 2017 年增加 30%，2017 年到 2018 年增加了约 51%。这是总的趋势。再以"网络诈骗"为例来说明网络犯罪的高发态势。以 2016 年 8 月的 360 手机卫士各项安全数据为基础形成的《2016 年电信诈骗形势分析报告》显示，360 安全卫士当月所拦截的诈骗电话高达 4.45 亿次，平均每天 1435 万次，估计每天至少有 10 万名的境内外不法分子，专门或主要针对中国公民实施电信网络诈骗。[②] 正如有学者所指出的那样，如果严格套用诈骗罪的构成要件，每一次出于非法所有的目的拨打的电话和发送的短信，都独立构成诈骗，那么我国实际发生的电信网络诈骗可能是个天文数字。[③] 数量如

---

① 江溯：《论网络犯罪治理的公私合作模式》，载《政治与法律》2020年第8期。
② 360手机卫士：《2016年中国电信诈骗形势分析报告》，2016年9月7日。
③ 梁根林：《传统犯罪网络化：归责障碍、刑法应对与教义限缩》，载《法学》2017年第2期。

此惊人的网络犯罪，到底应该如何加以控制和消减，是摆在理论和司法实践面前的难题。

第二，新型网络犯罪更新迭代迅速。技术的发展是日新月异的，而法律则呈现出一定的保守性。新技术的产生便有可能催生出新的网络犯罪形态。近来引起热议的人脸识别技术，其中便蕴含着许多侵害公民人身、财产权益的风险。此种由新技术催生出来的新风险给传统的刑事司法和刑法理论带来了不小的冲击：传统保守的、强调报应的刑事司法和刑法解释论在应对上显得有些捉襟见肘。

第三，网络犯罪还具有跨国界、无边界、远程性的特点。在网络犯罪中，很常见的是，犯罪行为发生地、犯罪结果发生地多元化；境内外不法分子相互勾结；被害人分布于全球各地。这给网络犯罪的打击带来了不小的困难，尤其可能引发管辖权冲突。也正因如此，网络安全在总体国家安全观中属于重要一环，总体国家安全观注重国内安全和国际安全的统一，而网络安全正事关两者。

具有高发态势、更新迭代迅速、跨国界、无边界、远程性特征的网络犯罪，给网络空间秩序造成了很大的冲击，其影响也时常溢出网络空间而流入现实空间。2014 年 4 月 15 日，习近平总书记在中央国家安全委员会第一次全体会议上提出"总体国家安全观""国家安全内涵和外延比历史上任何时候都要丰富"[①]，显然，在双层社会的背景下，网络安全自然是中国国家安全中至关重要的组成部分，网络安全的保障与实现，也是中国特色国家安全道路的关键。总体国家安全观下网络安全的保障与实现，刑法不应

---

① 《习近平：坚持总体国家安全观 走中国特色国家安全道路》，新华网，2014年4月15日。

缺席，刑事司法、刑事立法和刑法理论都应当为网络犯罪的消减做出贡献。本章将从"治理模式的转变""解释理念的更新""立法体系的完善"三个角度系统阐述如何动用刑法手段来打击网络犯罪、维护网络空间秩序。

　　在就"治理模式的转变""解释理念的更新""立法体系的完善"展开具体的论述之前，需要厘清的前提性问题有二：所谓的网络空间秩序的内涵为何？刑法介入网络空间秩序之中的正当性为何？关于网络空间秩序的内涵，学界有一种观点认为，"网络秩序这个概念是不存在的；网络天生是一片乱哄哄的众说纷纭，没有什么秩序可言"[1]。此言有失妥当。根据这一观点，网络空间之中根本无秩序可言，如同霍布斯口中的自然状态，如此一来网络中的任何行为都不应当受到规制，因为它们根本不会破坏秩序，毕竟一个没有的东西又如何能够被破坏呢？这样的结论难以为本书所认同。本书认为，网络空间在存在论上具有秩序，在规范上也应当存在秩序。具体来说，在网络空间中也存在譬如由网络平台所确立的行为规范或行为守则，公民必须加以遵守；再比如，现实世界之中的民法、行政法虽然以现实世界秩序的维护为主要，但也并非完全不渗透到网络空间之中。例如，民法中的相关规定自然也适用于网络空间之中进行的商业活动。在规范论层面上，主张网络空间之中无须有秩序的观点是"不可欲"的。正如前面所指出的，在信息时代，网络空间已经成为人们生活、生产的重要疆域，如果对网络空间中的行为放任自流，势必对人们的生活、生产造成影响和冲击。综合以上两点可知，网络空间秩序不仅在实然层面上存在，在应然层面上维护这一秩序也是可欲的。正如德国著名学者希尔根多夫所言，"现

---

[1]　张千帆：《刑法适用应遵循宪法的基本精神——以"寻衅滋事"的司法解释为例》，载《法学》2015年第4期。

在，网络几乎与公路网一样成为公共基础设施不可或缺的组成部分。毫不夸张地说，我们的生活世界因此跨入了一个全面的数字化时代"①。在网络以及网络空间变得如此重要的当下，主张网络空间没有秩序以及不需要秩序的论调，是不合时宜的。

除了网络空间以及网络秩序具有重要性，还需要探讨的问题是：刑法介入网络空间秩序中具有正当性吗？刑法作为法治国干涉公民基本权利最为严重的手段，若想动用它，必须符合"法益保护原则"。法益保护原则指的是，刑法的目的在于保护法益，动用刑法规制公民行为的前提是公民的行为侵害法益或者给法益造成了危险。若某一行为只是在道德上可非难的，根据法益保护原则，便不应受到处罚。与此相关最为著名的例子是德国血亲相奸罪的废除，绝大多数学者支持这一废除的理由是，单纯的血亲相奸行为并没有侵害法益，而只是违反了社会伦理道德。基于此，检验刑法介入网络空间的正当性首先要讨论的是，刑法介入网络空间是否保护了法益以及保护了什么法益。

显然，刑法介入网络空间可以有效地保护法益，是符合法益保护原则的。具体来说，根据陈兴良教授的观点，网络犯罪可以区分为"纯正的网络犯罪"和"不纯正的网络犯罪"。所谓的"纯正的网络犯罪"是指单纯的网络犯罪，或者狭义上的网络犯罪。纯正的网络犯罪只能以网络犯罪的形式构成，而不可能以非网络犯罪的形式构成。所谓"不纯正的网络犯罪"是指既可以网络犯罪的形式构成，也可以非网络犯罪的形式构成。② 典型如诈骗

---

① [德]希尔根多夫：《德国刑法学：从传统到现代》，江溯、黄笑岩译，北京大学出版社2015年版，第422页。
② 陈兴良：《网络犯罪的类型及其司法认定》，载《法治研究》2021年第3期。

罪，其既能脱离网络空间构成，又能在网络空间中进行。如今，网络诈骗已经占据了网络犯罪相当大的比重。显然，就不纯正的网络犯罪而言，法益侵害是存在的，刑法介入网络空间打击此类犯罪具有正当性。还是以诈骗罪为例来说明。在现实空间中，处罚诈骗罪的正当性并不存在疑问，行为人实施诈骗行为会侵犯其他公民的整体财产，给公民的财产造成损失。[①]相对应地，诈骗行为的保护法益是公民的整体财产。既然现实空间中诈骗行为的处罚或者说刑法对诈骗行为的规制不存在正当性的疑问，那么发生在虚拟空间中的诈骗行为的处罚，或者说刑法对发生在网络之中的诈骗行为进行规制自然也不存在正当性疑问。因为，在虚拟空间之中，诈骗行为同样会侵犯他人的财产。

由此类推可知，其他既能发生在现实空间又能发生在网络虚拟空间中的不纯正网络犯罪之处罚也不存在正当性疑问。刑法介入网络空间对这些犯罪进行规制是完全正当的。但需要注意的是，传统犯罪迁移到网络空间中，所构成的具体罪名可能会发生改变。以盗窃罪为例来加以说明。在现实空间中，窃取他人的财物，应当构成盗窃罪。但是如果在虚拟空间中，通过技术手段窃取他人的虚拟财产，比如支付宝账户中的金钱，到底构成何罪，则颇费一些思量。比如有观点认为虚拟财产也属于财产，可构成盗窃罪；而有的学者认为虚拟财产虽然属于财产，却不可构成盗窃罪，因为此类型案件中并不存在打破旧占有建立新占有的诈骗罪成立所需的典型情况[②]；还有观点认为，虚拟财产从性质上来讲不具有排他性支配的属性，算不得是财产，因此无法构成财产犯罪，"虚拟财产虽被冠以财产之名，实

---

① Wessels, Hillenkamp, Schuhr, Strafrecht Besonderer Teil 2, 41.Aufl., 2018, § 13, Rn. 538.
② 车浩：《占有不是财产犯罪的法益》，载《法律科学》2015年第3期。

质上是用户的账户操作权限，而信息工具系统中的账户操作权限不可能属于什么特定的财产或财产权益"①，因此只能构成非法侵入计算机信息系统罪等。

除此之外，纯正的网络犯罪也会侵害法益，刑法介入网络空间对其进行规制不存在正当性的问题。具体的罪名如非法侵入计算机信息系统罪，根据《刑法》第二百八十五条第一款规定，所谓的非法侵入计算机信息系统罪是指，"违反国家规定，侵入国家事务、国防建设、尖端科学技术领域的计算机信息系统的，处三年以下有期徒刑或者拘役"。由规定可知，该罪属于典型的"纯正网络犯罪"，因为在现实世界中，并无侵入计算机信息系统的问题。类似的罪名还有非法获取计算机信息系统罪、非法控制计算机信息系统罪、破坏计算机信息系统罪。

对此类纯正的网络犯罪进行刑事规制，具有正当性。这几个罪名具体保护的法益是计算机信息系统的控制权。这一控制权在信息时代具有非比寻常的意义：如同现实世界中的住宅安宁，公民对于自己住宅的控制权至关重要，在网络空间中，一方面，主体对于自己信息系统的控制权也决定了自己对于网络空间的占有、支配、使用；另一方面，信息系统的控制权除了自身是重要法益之外，还往往和其他重要法益相连，若主体对自己的信息系统丧失控制权，便意味着他人可随意侵入主体的信息系统，如此会使得附着于计算机信息系统之上的主体的财产、名誉以及隐私等重要法益陷入任由他人宰割的地步。所以，纯正的网络犯罪也会严重侵害网络空间所特有的法益，刑法介入网络空间对其进行规制，具有正当性。刑法介入

① 劳东燕：《个人数据的刑法保护模式》，载《比较法研究》2020年第5期。

网络空间维持和形塑网络空间秩序是可以通过法益保护原则的检验的。

二、治理模式的转变

现实世界的秩序维护和犯罪打击，主要由国家负责，或者说由国家所垄断。私主体基本难有介入的可能。这种秩序维护模式和犯罪治理模式可以称为"传统的政府主导模式"或者说"公力模式"。[①] 这种所谓的"传统的政府主导模式"或者"公力模式"的特征是：犯罪的侦察、起诉、审判、执行全过程都由具体的国家机关负责，私人无论是被害人还是无关第三人原则上都无权介入。这样的制度设计背后有其法理和根源。一般认为，虽然行为人通过不法侵害损害了被害人的法益，但犯罪在本质上还是被理解为是针对国家秩序的扰乱和冲击，所以犯罪的治理在根本上是一种"国家—犯罪人"的二元结构。奠定这个"二元结构"深层次的法理基础是"国家暴力垄断原则"。在打击犯罪的过程中，是需要通过动用暴力来限制行为人的自由的。而在全面垄断私人暴力的现代国家，原则上禁止任何形式的私人暴力，故犯罪的治理只能由国家自己来承担。

有国家典型如新加坡将这一传统的犯罪治理模式也延伸到了网络犯罪的治理和网络空间秩序的维护之中。"公力模式强调公共部门对网络信息资源的控制与投入，公共部门在明确管理目标、管理过程和管理方法后，就会制定相应的治理措施和行动方案，最后由各级公共部门落实对犯罪行为的预防和打击。"[②] 这一传统的"公力模式"在网络犯罪的打击上有其优势。

---

① 江溯：《论网络犯罪治理的公私合作模式》，载《政治与法律》2020年第8期。
② 江溯：《论网络犯罪治理的公私合作模式》，载《政治与法律》2020年第8期。

首先，很明显的，为打击传统犯罪设计的"公力模式"的既有制度和机制可以直接沿用到网络犯罪的打击之中，而省了另找途径的功夫。其次，"这种模式的优点是能够最大限度地集中资源去落实政策和设计制度，适合行政决策与管理。与此同时，政府部门基于公权力的主体地位，能够在短时间内聚集资源，提高打击网络犯罪的效率和力度"[1]。的确，"公力模式"中"上命下从"的体制设计，使得它在打击网络犯罪的效率和力度上，有着不可比拟的优势。

然而，"公力模式"在网络空间秩序的维护上是不可行的。

第一，政府和国家在信息技术的掌握上，通常比不上社会主体，典型如网络信息公司。而网络犯罪的打击依赖技术，技术才是网络犯罪治理的基石，技术上的缺失决定了国家难以独立承担起打击网络犯罪的重任。

第二，公力模式不可行，也是由网络空间及其秩序所决定的。首先，网络空间秩序呈现出"去中心化"的特征。所谓"去中心化"的通常含义是指，"国内子群体对国家的疏离意识"[2]，其最初含义是指向扩大公民自主权利与个体意见发表的民主价值观，拒绝在发展进步的名义下，使公民陷入"自由即服从"的悖论。简单来说，所谓的"去中心化"就是指对国家或者其他权威核心的疏离。而网络空间秩序正是体现出了这一点，网络空间秩序体现出了更多的自主性和独立性。这是由互联网的技术根基所决定的：互联网唯一的标准 TCP/IP 协议本身就是个去中心化的协议。有学者准确评论道：TCP/IP 协议体现了两点明显具有去中心化的基本价值取向：一是，每个不同的网络必须代表它自己，当它接入互联网时不应该被要求进行任

① 江溯：《论网络犯罪治理的公私合作模式》，载《政治与法律》2020年第8期。
② 郭艳：《国家认同遭遇"去中心化"》，载《世界经济与政治》2004年第9期。

何内在调整；二是，在运行方面不应有全球层面的控制。① 这样的技术架构决定了，网络空间秩序在一定程度上会呈现出碎片化的态势，国家公权力在对其进行管理上，相较于对现实空间的管理，会存在更大的难度。

其次，网络空间秩序中的主体是多元的。在网络空间中主要存在着三类主体，即网络信息内容提供者、网络中介服务提供者和用户。在现实世界中，秩序的调整主要是国家和公民之间的横向关系，国家通过制定规则让公民遵守和服从，并对公民的越轨行为加以处罚并附加责任。但是，这一规制模式，在网络世界中，或许并不可行。因为技术原因，网络信息内容提供者和网络中介服务提供者是直接面向用户的，它们对用户的信息和行为有更为深入的了解，调整和规制起来也更为便利。所以，网络空间秩序的保障和维持，必须借力于网络信息内容提供者和网络中介服务者。

上述两个理由决定了国家和政府难以独立承担起治理网络犯罪和维护网络空间秩序的任务。既然纯粹的"公力模式"不可行，接下来的选择只有两个：第一，纯粹的"私力模式"和"公私合作模式"。所谓纯粹的"私力模式"，是指"由私营主体间自由合作治理网络犯罪的模式，强调在尽可能减少政策和法规对互联网进行监管的基础上，期待公共部门放手让互联网自由发展"。② 在这一模式中，网络犯罪和网络空间秩序维护的主体变成了互联网企业、社会组织部门。简单来说，便是让互联网企业等社会主体对网络空间秩序进行规制。这种将维护秩序任务外包的做法是有其优势的。第二，大型互联网企业在技术上具有很大优势，拥有更为丰富的经验。所以，

---

① [英]查德威克：《互联网政治学：国家、公民与新传播技术》，任孟山译，华夏出版社2010年版，第55页。

② 江溯：《论网络犯罪治理的公私合作模式》，载《政治与法律》2020年第8期。

将权力下放到这些互联网企业中，"让专业的人干专业的事"，能更好地维护网络空间秩序。而且，通过放手让互联网企业等社会主体来进行自我管理，也给它们塑造了一个比较宽松的环境，避免了"一抓就死"的情况出现。不同于其他行业，科技行业是很重要的基础行业，这个行业的特征是专业化、容易滋生风险，也比较娇嫩。科技的发展以及科技公司的发展，通常依靠创新，创新一方面会给社会带来许多好处，但另一方面副作用也是很明显的，即会滋生风险，利用创新技术实施犯罪的风险是其中之一。在面对此风险时，我们还是要注意保持宽容态度，不可过于严厉，需将风险完全消灭。这是不可能的，因为"剩余风险"是结构性的，必然存在。所以，归结来说，"私力模式"在一定程度上有利于科技的发展和网络犯罪的打击。

但该模式存在如下问题。第一，以网络企业等社会主体为核心来治理犯罪，由于不存在政府组织之中的"上命下从"，故在效率上有所不足。第二，若将犯罪治理和打击的权限完全交给网络企业，会造成监管上的漏洞。因为，网络企业自身也是网络空间中的主体，其自身也可能实施破坏网络秩序的行为，若完全让它来承担网络秩序的监管任务，便是让它一人兼任"运动员"和"裁判员"，有失妥当。第三，"私力模式"还可能导致选择性执法的情况出现。因为企业等社会主体有自身的利益，有些网络犯罪行为虽然在整体上扰乱了网络空间秩序，却可能是直接或间接有利于某些网络企业的。这些网络企业在进行监督和管理的时候，可能会有意无意地对此加以忽视。

鉴于纯粹"私力模式"和"公力模式"都存在问题，中间道路即所谓的"公私合作模式"是比较妥当的。根据该模式，在网络犯罪的打击和网络空间秩序的维护上需要依靠国家政府机构和私营机构尤其是大型网络公司通力协作的模式。这一模式是值得肯定的。因为这一模式能有效避免两种模式的短处，又可发挥各自长处：一方面，"公力＋私力"模式强调国家政府在网络空间秩序维护中的主导作用，如此可凸显国家在打击犯罪、维护秩序上的高效率，而避免了纯粹私力救济模式中可能蕴含的"选择性执法"的问题；另一方面，"公私合作模式"也强调社会各方尤其是大型互联网企业参与到网络犯罪预防、空间秩序维护中，这样的好处是可以通过充分利用各方社会主体尤其是大型网络企业的技术优势来预防、打击网络犯罪，维护网络空间秩序，将各方力量加以整合。在我国，其实已经有"公私合作模式"网络治理的实践了。例如，腾讯公司与公安部在2016年启动了"守护者计划"。该计划对内整合公司的资源，对外联合政府、行业、民众等多方面力量，共同参与到网络空间治理中。归结来说，在公私治理中，网络公司与平台既是被治理的客体，又是治理的主体。

三、解释理念的更新

在信息时代，以往未曾有过的新型犯罪大量涌现，给网络空间秩序造成了很大的冲击，也考验着我们应对的智慧。由于我国的信息化建设在全球范围内的领先地位，典型如电子化支付，故很多新类型的犯罪都率先出现在我国。而对于这些新类型的犯罪，最为根本的解决方式自然是有针对性地设立新罪。然而，问题在于，若出现一个新行为类型便设立一新罪，那么刑法的体例结构便会"支离破碎"，而且，在未有新法但新的行为类型却已出现在司法者面前的情况下，根据"禁止拒绝裁判原则"，司法者必须就相关行为给出处罚与否以及如何处罚的回答。显然的是，由于刑法受罪刑法定原则的钳制，若依照传统的解释论，即源于工业时代的、重视概念、排斥价值的传统解释论，对于这些新类型的犯罪，大多会给出无罪的结论。如此做法在刑事政策的效果上恐怕是有疑问的。第一，若不将诸如刷单炒信等黑灰产业以犯罪论处，会给互联网企业和平台造成重大打击，因为网络是一个匿名化的空间，要维持其正常运转，秩序和信用十分重要。第二，将一系列明显具有严重社会危害的行为出罪化，向社会传达出的信息是，此类行为不构成犯罪，而此类行为的收益却往往是巨大的，如此一对照，便会反向刺激公民实施该行为。

其实，和传统的工业社会相比，信息时代或者说信息社会的社会结构已经发生了很大的变化，各式新兴风险涌现，重视刑法体系内在参数、重视概念、排斥价值的传统解释论，在应对信息时代的风险上显得有些僵化和呆板。① 为了更为有效地应对风险，"功能主义的刑法解释"应运而生。在传统的刑法教义学中，刑事政策和刑法体系是截然二分的，刑事政策只是刑法体系之外的参数，无法直接导入到刑法体系和刑法解释之中。而功能主义的刑法解释则认为，法治国的核心在司法而不是立法，司法者在解释法条、处理案件时，需更加积极能动，采"能动主义司法"，而不能将价值裁量等问题全推给立法者。在这样的观念指导下，功能主义的刑法解释认为，需要将外在于法体系的、社会之中的需求、价值和目的通过目的的管道导入到刑法解释之中，如此以应对社会现实。笔者认为，这样的刑法解释论更加契合信息时代，因而更为可取。

---

① 劳东燕：《功能主义的刑法解释》，人民大学出版社2020年版，第1页。

树立这样的解释理念，可为现今的一些疑难问题的处理提供新思路。例如，我国《刑法》第二百五十二条规定了"侵犯通信自由罪"：隐匿、毁弃或者非法开拆他人信件，侵犯公民通信自由权利，情节严重的，处一年以下有期徒刑或者拘役。立法者设立该罪时的立法目的主要是用来保护与信件密切相关的"通信自由"，也就是说，侵犯通信自由罪的犯罪对象是"纸质信件"，这也是"信件"的应有之义。但是，若如此理解通信自由罪中的"信件"，那么"侵犯通信自由罪"将无以为继，几乎没有存在的意义了，因为在当下中国，写信、寄信比较罕见，都被电子邮件和短信等电子信息的方式取代了。在此存在的问题是，是否可将电子邮件、短信、微信等理解为"侵犯通信自由罪"中的"信件"，将随意隐匿、毁弃电子邮件、短信、微信信息等行为定性为"侵犯通信自由罪"呢？答案应该是肯定的。一来，现今社会已逐步迈入信息社会，而我国刑法中的一些罪名还是在传统工业时代所设立的，在此种时代快速变迁的背景下，刑法的解释应当坚持客观解释而非主观解释。所谓的主观解释是"一种以立法者为中心的法律解释理论，是指探寻立法者在制定法律条文、形成刑法规范时的原意，以立法本意、立法原意作为解释的目标"[1]。根据此种解释立场，立法者在设立某个条文时的主观意思对于构成要件要素的解释以及行为的定性而言，非常之重要。根据此种解释立场，便不应将电子邮件、短信等解释为信件，理由是"立法者当时并无此种意思"。相反，所谓的客观解释"不追求法律制定时立法者的原意，而是基于现实有效的法律规定，分析客观存在的法律用语可能具有的含义，并对其做出符合社会实际的解释，以使法律用语适应

① 付立庆：《刑法总论》，法律出版社2020年版，第24页。

社会发展的需要"①。根据此说，法律中的语词含义并不由立法者所决定，而是由社会和文本共同决定。这意味着，随着社会的变迁，文本中的语词的含义也完全有可能发生改变。根据这一解释立场，将电子邮件、短信、微信等解释为信件并无问题，因为它们正是信息时代的"信件"，如此解释并不会超出当今国民的期待可能性。② 笔者认为，在时代快速变迁的当下，客观解释论更为合适。另外，根据功能主义的刑法解释，也应对该罪中的"信件"做客观解释。前面提到，所谓的功能主义的刑法解释重视外在于法体系的价值、目的和需求，主张通过目的的管道将它们揉入刑法解释之中，进而在既定的法律规定框架中实现价值、目的以及满足需求。功能主义的刑法解释的好处就在于，其可以在维持既有框架的情况下，无须大的动作，便可回应现实，而不用等待立法者的动作。前面指出，在信息化的时代，电子邮件、短信、微信已经取代了传统的纸质信件成为公民通信的主要渠道，换言之，通信自由如今主要不是附着在纸质信件上，而是存在于这些新形式之中。由此，此种网络时代新型的通信行为和通信自由便存在保护的必要，根据功能主义的刑法解释，便应导入现有的刑法规定之中。在我国司法实务中，其实已有相关的判决出现。

例如，曾某于 2004 年 5 月 31 日入职腾讯公司，后被安排到公司安全中心负责系统监控工作。2005 年 3 月初，曾某通过购买 QQ 号在淘宝网上与杨某互相认识，二人合谋通过窃取他人 QQ 号出售获利。2005 年 3 月至 7 月间，由杨某将随机选定的他人的 QQ 号（主要为 5、6 位数的号码）通

---

① 付立庆：《刑法总论》，法律出版社2020年版，第25页。
② 这也得到了实务部门的肯定。参见杨洪涛、徐强：《全国首例倒卖QQ号码案》，载《中国审判》2006年第4期。

过互联网发给曾某。曾某本人并无查询 QQ 用户密码保护资料的权限，便私下破解了腾讯公司离职员工柳某使用过但尚未注销的 "ioioliu" 账号的密码（该账号拥有查看 QQ 用户原始注册信息，包括证件号码、邮箱等信息的权限）。曾某利用该账号进入本公司的计算机后台系统，根据杨某提供的 QQ 号查询该号码的密码保护资料，即证件号码和邮箱，然后将查询到的资料发回给杨某，由杨某将 QQ 号密码保护问题答案破解，并将 QQ 号的原密码更改后将 QQ 号出售给他人，造成 QQ 用户无法使用原注册的 QQ 号。经查，二人共计修改密码并卖出 QQ 号约 130 个，获利 61650 元，其中，被告人曾某分得 39100 元，被告人杨某分得 22550 元。

关于本案，法院指出，"现实生活中，互联网正日益成为许多人重要的通信联络工具。从腾讯 QQ 软件的功能来看，主要是对外联络和交流。因此，以 QQ 号码作为代码所提供的网络通信服务才是其核心内容"。公诉机关在庭审中出示的被害人陈述的内容，对此也予以了证实。被害人刘某陈述其 "经常要用 QQ 和一些同行、朋友、同事交流来谈工作，（QQ 号码）丢失后，和很多聊友都联系不上，严重影响了工作"。被害人秦某陈述 "（QQ）是我的主要联系方式，平时和朋友语聊、发送文件，是我生活、工作不可缺少的通信工具。有些朋友只有 QQ 这一种联系方式，与同事之间主要通过 QQ 来交流，（丢失后）造成我永远都联系不上他们"。本案中，无论从腾讯 QQ 软件的主要功能还是本案被害人所感受到的被损害的内容来看，QQ 号码都应被认为主要是一种通信工具的代码。

除了 "侵犯通信自由罪" 之外，"破坏生产经营罪" 也可借助功能主义的刑法解释理念重获新生。我国《刑法》第二百七十六条规定了 "破坏生产经营罪"：由于泄愤报复或者其他个人目的，毁坏机器设备、残害耕畜或者以其他方法破坏生产经营的，处三年以下有期徒刑、拘役或者管制；情节严重的，处三年以上七年以下有期徒刑。根据传统的理解，破坏生产经营罪所主要针对的是第一产业即农业，典型如通过割牛舌的方式，使牛这一重要的农业生产工具失去作用。① 然而，如此限定破坏生产经营罪，将会使其在信息时代失去存在的意义。在信息时代，网络空间或者说网络平台已成为重要的生产资料和生产场所。

在网络空间之中，也存在一些破坏生产经营的行为。典型如刷单炒信的行为，著名的南京反向刷单炒信第一案便是一例。2013 年 9 月，北京智齿数汇科技有限公司通过北京万方数据股份有限公司获得万方数据知识资源系统 V1.0 的使用权，后于 2013 年 11 月在淘宝网注册成立名称为"PaperPass 论文通行证"的网上店铺，主要经营论文相似度检测业务，由该公司南京分公司即智齿科技南京公司具体负责运营。2014 年 4 月，在淘宝网经营论文相似度检测业务的被告人董某为谋取市场竞争优势，雇用并指使被告人谢某，多次以同一账号恶意大量购买智齿科技南京公司淘宝网店铺的商品。其中：4 月 18 日凌晨指使被告人谢某使用同一账号，恶意购买 120 单商品；4 月 22 日凌晨指使被告人谢某使用同一账号，恶意购买 385 单商品；4 月 23 日凌晨指使被告人谢某使用同一账号，恶意购买 1000 单商品。2014 年 4 月 23 日，浙江淘宝网络有限公司认定智齿科技南京公司淘宝网店铺从事虚假交易，并对该店铺做出商品搜索降权的处罚，后经智齿科技南京公司线下申诉，于 4 月 28 日恢复该店铺商品的搜索排名。被处罚期间，因消费者在数日内无法通过淘宝网搜索栏搜索到智齿科技南京公司

---

① 高艳东：《破坏生产经营罪包括妨害业务行为》，载《预防青少年犯罪研究》2016年第2期。

淘宝网店铺的商品，严重影响该公司正常经营。经审计，智齿科技南京公司因其淘宝网店铺被商品搜索降权处罚而导致的订单交易额损失为人民币10万余元。

对此行为如何定性存在争议。笔者认为，在信息时代，已将在网络空间进行的经营行为和经营活动纳入考量的范围之内。正如有学者所指出的：这样的话，智齿科技南京公司在淘宝网上开设名为"PaperPass 论文通行证"的网上店铺并经营论文相似度检测业务，显然符合业务所要求具备的社会性、继续性以及要保护性，据此可以将其认定为一种"生产经营"。[①]他人通过反向刷单的方式破坏其信誉，致使其生产经营难以为继的，自然是符合破坏生产经营这一构成要件的。

上述两例表明了，随着社会从工业时代进入信息时代，若想充分、有效地应对风险，须放弃僵化的传统解释，转变理念，采取更为灵活的功能主义刑法解释，以直面社会现实、回应社会需求，实现打击网络犯罪、维护网络空间秩序之目的。

四、立法体系的完善

除了要更新解释理念，也要注意在立法上有所改进，即适当设立新罪、完善罪名结构、完善现行立法。一个完善的网络犯罪立法体系是打击网络犯罪、维护网络空间秩序所不可或缺的。

要完善立法体系，需先了解我国现行网络犯罪立法体系的问题和缺陷

---

① 李世阳：《互联网时代破坏生产经营罪的新解释》，载《华东政法大学学报》2018年第1期。

之所在，而要知晓这一点又以了解我国网络犯罪立法体系的发展变化史为前提。我国网络犯罪立法的第一个阶段是网络犯罪立法的"起步期"。随着互联网技术的发展，国家逐步意识到网络安全的重要性，故在1997年的《刑法》（以下简称《97刑法》）之中首次规定了两个网络犯罪罪名，即第二百八十五条"非法侵入计算机信息系统罪"和第二百八十六条"破坏计算机信息系统罪"。非法侵入计算机信息系统罪主要针对国家事务、国防建设、尖端科学技术领域的计算机信息系统的访问权限进行了保护，而破坏计算机信息系统罪则规定了三种破坏计算机信息系统的行为，包括对计算机信息系统功能进行删除、修改、增加、干扰，对计算机信息系统中存储、处理或者传输的数据和应用程序进行修改、删除、增加，以及故意制作、传播计算机病毒等破坏性程序。在这两个罪名之外，《97刑法》还设立了第二百八十七条利用计算机实施的相关犯罪。根据此规定，利用计算机实施的贪污、诈骗等行为，依照相关规定定罪处罚。《97刑法》的这三个条文构成了"两点一面"的网络犯罪立法结构。由内容可知，《97刑法》关于网络犯罪的规定相对而言是比较简单的。在2000年以后，网络和计算机在我国快速普及，与之相对应，网络犯罪也发生了技术迭代，《97刑法》所设定的两个罪名不足以应对局面。立法者在《刑法修正案（七）》中对网络犯罪的范围进行了扩张。这一扩张是以社会现实的变迁为背景的。立法者提到，"近年来，信息技术和网络应用快速发展，计算机系统用户发展迅速，我国目前互联网用户近3亿人。在网络快速发展的同时信息网络违法犯罪也持续大幅上升。公共信息安全和网络监察部门提出，当前，我国计算机网络安全形势十分严峻。一是计算机系统被植入病毒、木马程序，后门、天窗等破坏程序的案件大幅增加，给网络安全带来极大隐患。据国家计算机病

毒应急处理中心统计，2007 年，我国接入互联网的计算机中约有 91.47%
被植入病毒、木马程序，被植入三种以上病毒、木马程序的占 53.63%，其
中 87% 以上是以网络盗窃或者远程控制计算机为目的的木马程序，即我国
每 10 台接入互联网的计算机中至少有 8 台受到黑客控制。其中位居前 10
位的病毒均是木马程序或者灰色软件携带的下载类程序。二是犯罪人员由
专业技术人员向普通人群蔓延。三是计算机病毒与木马程序等恶意代码相
结合，以计算机病毒携带木马程序、间谍软件进行大规模传播来非法获取
他人账号、身份认证信息，进而侵入他人计算机信息系统窃取计算机信息
系统数据，或者对计算机信息系统进行远程控制的案件增长迅猛"①。

　　面对如此严峻的情形，传统的两点一面的网络犯罪立法体系显然不足
以应对。这主要体现在两个方面。其一，《刑法》第二百八十五条"非法侵
入计算机信息系统罪"的构成要件设定，只保护国家事务、国防建设、尖端
科学技术领域的计算机信息系统，而在此之外的计算机信息系统则不享受
刑法之保护，如此难以应对愈演愈烈的通过病毒方式侵入普通公民或者企
业的计算机信息系统之行为。其二，两点一面的网络犯罪立法体系也难以
对侵入计算机信息系统之后的非法窃取数据的行为进行有效规制。考虑到
以上两种情况，立法者对网络犯罪的体系进行了扩充。第一个扩充的罪名
是第二百八十五条第二款"非法获取计算机信息系统数据、非法控制计算
机信息系统罪"："违反国家规定，侵入前款规定以外的计算机信息系统或者
采用其他技术手段，获取该计算机信息系统中存储、处理或者传输的数据，
或者对该计算机信息系统实施非法控制，情节严重的，处三年以下有期徒

---

① 黄太云：《刑法修正案（七）解读》，载《人民检察》2009年第6期。

刑或者拘役，并处或者单处罚金；情节特别严重的，处三年以上七年以下有期徒刑。"由此规定可知，侵入国家事务、国防建设、尖端科学技术领域以外的计算机信息系统的或者采用其他技术手段，获取数据或者非法控制该计算机信息系统的行为，纳入了处罚范围。第二个扩充的罪名是《刑法》第二百八十五条第三款"非法提供侵入、非法控制计算机信息系统的程序、工具罪"。之所以设立此罪，原因有二：第一，"当前，几乎所有网络应用服务和计算机信息系统以及相关设备均依靠认证信息和工具来识别用户的身份并授权其使用相关的网络服务和计算机资源，因此，保护认证信息和工具是保障网络和计算机信息系统安全的第一道防线。用户一旦持有这些认证信息和工具，即可使用与其相关的网络应用服务资源和计算机信息系统"[1]。也就是说，此类行为会给网络空间安全造成严重的威胁，故而必须设立新罪予以打击。第二，之所以将此类行为单独成罪，另一个重要考虑是，上述工具、程序的提供者常常是以层层代理的方式销售，难以查清与实际正犯的关联性，为了避免共同犯罪实体和程序认定上的困难，将程序、工具的提供者单独入罪。这是一种常见的立法技术，即"帮助行为的正犯化"，"刑法分则条文直接将某种帮助行为规定为正犯行为，并且设置独立的法定刑"。[2] 如此规定放松了共犯从属性的要求，有利于减轻控方的证明责任，便利犯罪的打击。这一阶段可被称为网络犯罪立法的"拓展期"。网络犯罪立法的第三个阶段是以《刑法修正案（九）》的通过为标志，本书将之称为"治理变革期"。自《刑法修正案（七）》通过以后，网络信息技术进一步迅猛发展，至 2015 年 6 月，中国网民规模达到 3.74 亿，与之相伴随的是，网

---

① 黄太云：《刑法修正案（七）解读》，载《人民检察》2009年第6期。
② 刘艳红：《网络犯罪帮助行为正犯化之批判》，载《法商研究》2016年第3期。

络犯罪的链条化和产业化。在这一阶段，网络犯罪已成为第一大类型犯罪。为了全面遏制网络犯罪的高发态势，"立法者回应实践需求，采取了一些不同于以往的刑事制裁思路"①。这一全新的刑事制裁思路有三个重要的点。第一，首次设立了关于网络服务提供者的刑事责任。在网络空间中，网络服务提供者是首要的管理者，但实际上却经常不履行法律、行政法规规定的义务。为了改变这一现状，立法者将网络服务提供者的信息网络安全管理义务转变为刑事义务，若有人违反，将承担刑事责任。具体而言，立法者设立了《刑法》第二百八十六条之一"拒不履行信息网络安全管理义务罪"："网络服务提供者不履行法律、行政法规规定的信息网络安全管理义务，经监管部门责令采取改正措施而拒不改正，有下列情形之一的，处三年以下有期徒刑、拘役或者管制。"依此，网络服务提供者不履行相应义务，导致违法信息大量转发、用户信息泄露等情形的，要承担刑事责任。第二，预防思想在网络犯罪的治理中占据重要位置。网络犯罪完成更新迭代之后，出现产业化、链条化的特征，如果只是聚焦于下游，是无法控制网络犯罪态势的，所以立法者便确立了"打小打早"的刑事政策②，为此，立法者在《刑法修正案（九）》中确立了"非法利用信息网络罪"。该条罪名是典型的预备行为实行化。通过这一立法技术，便不用等到行为人着手实行即可处罚行为人了。根据该条，为实施诈骗、传授犯罪方法、制作或者销售违禁物品等违法犯罪活动制作网站、通信群组的；发布有关制作或者销售毒品、淫秽物品等违禁物品、管制物品或者其他违法犯罪信息的；为实施诈骗等违法犯罪活动发布信息的，都构成此罪。打击面不可谓不广。

---

① 王华伟：《我国网络犯罪立法的体系性评价与反思》，载《法学杂志》2019年第4期。
② 何荣功：《预防刑法的扩张及其限度》，载《法学研究》2017年第4期。

从"网络犯罪立法起步期"到"网络犯罪治理变革期"，我国网络犯罪立法有三个特征。第一个特征是罪名数量和范围大幅度扩张。例如，将私人和企业所有的计算机信息系统也纳入保护的范围，将网络服务提供者的相关义务转化为刑事义务。笔者认为，在信息网络飞速发展的背景下，这一立法扩张是很有必要的，也是契合现实需要的。尤其在社会转型期，在既有的罪名无法应对新类型风险的情况下，充分考量现实需要，积极增设新罪是必要和可行的。第二个特征是"处罚的前置化"。由前面的论述可知，网络犯罪的立法体现出了处罚不断前置的倾向。典型如，"帮助犯的正犯化""预备行为实行化"在网络犯罪中的适用，使得在网络犯罪的前期阶段国家便可积极介入，从而达到"打小打早"的刑事政策效果。第三个特征是"粗放型的立法"。在我国网络犯罪的立法中，呈现出了粗放立法特征。比如利用信息网络实施犯罪活动罪，这一罪名是很粗线条的。"利用信息网络实施犯罪"这一表述，可以将几乎所有的网络犯罪都包括进去。而且在具体的要件设计上，又使用了"……等技术支持""……等技术帮助"的表述方式。

通过观察我国网络犯罪立法的演变历史和网络犯罪的立法特征，笔者认为我国网络犯罪的立法体系需在以下三方面加以完善。

第一，准确界定网络犯罪的保护法益，妥当安置网络犯罪在刑法典中的章节位置。目前，我国网络犯罪的罪名基本上都集中在《刑法》分则第六章"妨害社会管理秩序罪"的第一节"扰乱公共秩序罪"。根据我国的通说观点，罪名所处的位置和罪名的保护法益密切相关。依据此，所有网络犯罪的罪名保护的法益都是社会管理秩序和公共秩序。然而，如此一刀切地界定网络犯罪的保护法益似乎有些不妥。部分学者注意到了这一点。例如，有学者指出，网络犯罪主要体现出的危害公共安全性质，应该将部分罪名移到危害公共安全犯罪之中。[①] 还有学者提到，网络已经成为重要的社会基础设施，因而网络犯罪也应当实现从扰乱公共秩序向公共安全的转换。[②] 本书认为，上述观点是有道理的。在信息时代，网络就如同空气、水等自然资源一般，若对其秩序造成破坏，会给不特定多数人的人身安全、财产造成损失，确实有害公共安全。但是，单纯将网络犯罪部分从"妨害社会管理秩序罪"章节挪移到"公共安全犯罪"章节，恐怕还是不够的。随着科学技术的发展，计算机信息系统早已不再为国家、集体所有，也并不必然和高精尖的产业相连，每个人都拥有自己的计算机信息系统比如笔记本电脑、手机，而对于这些个人的计算机信息系统的侵害，所体现得更多的是对公民个人法益的侵害，而和公共秩序、公共安全无关，所以应当在保护公民人身法益、财产法益章节设立网络犯罪。总之，在未来立法之时，应更准确地界定相关网络犯罪的保护法益，妥当安置网络犯罪在刑法典中的章节位置。

第二，我国网络犯罪立法应加强对数据安全的保护。"我国刑法重点突出了对计算机信息系统的保护，但却严重忽视了对于信息数据的保护，尤其在当前大数据时代背景下，立法对于信息数据保护的忽视已经越来越明显。"[③] 如此重计算机信息系统保护而轻信息数据的保护是不符合大数据时代背景的。在大数据时代背景之下，数据的意义非比寻常。"在生活的方方

---

① 赵秉志：《计算机犯罪及其立法和理论之回应》，载《中国法学》2001年第1期。
② 于冲：《网络犯罪罪名体系的立法完善与发展思路》，载《中国政法大学学报》2015年第4期。
③ 于冲：《网络犯罪罪名体系的立法完善与发展思路》，载《中国政法大学学报》2015年第4期。

面面均由数据驱动的今天，数据更像是我们呼吸的空气，而不只是 21 世纪的石油。大数据时代的来临，其表征之一就是对与个人相关的数据的海量收集、分析与利用。海量数据市场被认为将取代传统货币市场，数据所带来的经济重启，会深刻地改变市场运作的基本机制，重塑人们所熟悉的资本主义经济，其重要性堪比工业革命。无论从商业经济还是社会管理的角度而言，个人数据都具有不容忽视的巨大价值。"① 由以上论述可知，在如今大数据时代，数据具有不可估量的价值和重要性。但正如有学者所准确指出的那样，我国现行网络犯罪立法在保护数据上是不充分的。"信息属于网络空间中刑法所应保护的重要法益，信息资源成为网络犯罪的主要侵害对象。而在我国，计算机信息系统一直成为刑法保护的重点，从特殊领域的计算机信息系统的重点防护到其他计算机信息系统的保护，但是却没有对计算机信息数据给予足够的重视。可以说，刑法的规定仍限于对象性网络犯罪阶段，难以满足当前惩治网络犯罪的需要。因此，今后刑法的保护重点应当从对计算机信息系统的保护转向对网络信息数据的保护。"② 此言有理。关于信息数据的保护，除了上述问题，"当前的刑法保护框架对于数据滥用的行为缺乏必要的规制。数据的基本特点在于共享性，个人数据之上凝结着各种相互冲突的权益。与非法破坏他人对数据的占有相比，在数据流动化与商业化不可避免的背景下，对个人数据的滥用行为更需要包括刑法在内的法律进行规制。因而，非法获取个人数据的行为固然值得处罚，滥用数据的行为同样需要刑法给予处罚。可以预见，后者将成为侵害数据

---

① 劳东燕：《个人数据的刑法保护模式》，载《比较法研究》2020年第5期。
② 于冲：《网络犯罪罪名体系的立法完善与发展思路》，载《中国政法大学学报》2015年第4期。

权益的首要的不法行为类型。我国现行刑法却根本没有罪名对付严重的数据滥用行为，由此而导致处罚上的重大漏洞"①。也就是说，随着侵犯公民个人信息罪的设立，公民对个人数据的占有受到了保护，然而更为常见多发的滥用数据和信息的行为，却未受到刑法的规制，之后的网络立法应注意填补这一空白。归结而言，在未来的网络犯罪立法中，要凸显出数据的核心位置，给予数据更为周延的刑法保护。

第三，我国的网络犯罪立法应注意明晰网络犯罪罪名之间的界限。在我国现有的网络犯罪罪名体系中，罪名交叉重合严重，给司法实践的正确定性带来了困难。非法控制计算机信息系统罪和破坏计算机信息系统罪之间的关系暧昧不清。"非法控制计算机信息系统罪中的'控制'一词涵摄性极强，具有非常宽泛的语义射程，它很容易与破坏计算机信息系统行为中的'修改''增加''干扰'相互重合，以至于有学者主张非法控制行为完全可以被破坏计算机信息系统罪中的干扰行为所包括，因而没有单独立法的必要性。"② 再比如，拒不履行网络安全管理义务罪、非法利用信息网络罪和帮助信息网络犯罪活动罪三者之间也存在明显的交叉关系。譬如，网络服务提供者拒不履行安全管理义务，客观上也可能同时构成为他人所实施的信息网络犯罪提供互联网接入、服务器托管、网络储存、通信传输等技术。如此一来，单一行为便同时构成"拒不履行网络安全管理义务罪"和"帮助信息网络犯罪活动罪"。最需要注意的是，帮助网络犯罪活动罪会和其他犯罪造成大面积的竞合。"在司法实践中，大量的网络共同犯罪判例提及被告人也构成帮助信息网络犯罪活动罪，但绝大多数案件最后都是按照

---

① 劳东燕：《个人数据的刑法保护模式》，载《比较法研究》2020年第5期。
② 王华伟：《我国网络犯罪立法的体系性评价与反思》，载《法学杂志》2019年第4期。

其他相关罪名的共犯来认定。更令人担忧的是，甚至有个别案件虽然符合其他重罪的共犯构成条件，但却是按照相对轻缓的帮助信息网络犯罪活动罪来定罪处罚。"① 有鉴于此，在未来的网络犯罪立法之中，应注意各罪之间的界分，避免各罪的界限过于模糊，给司法机关的定罪和量刑带来困难。

　　第四，在完善网络犯罪立法体系的过程中，要注意象征性立法的问题。所谓的"象征性立法"是指面对当代社会冲突的多样性与社会安全需求的快速增加，立法者实际上无意或未能解决问题，而只是仪式性地将社会当时正在形成，或是既成的风险意识纳入立法的脉络，借此强化社会成员关于特定冲突议题的价值判断。同时，亦是宣示国家已经有所作为，试图平息日益高涨的舆论及满足社会期待。这样的象征性立法在网络犯罪领域也有所表现。有学者直言不讳道："20 年来，我国网络犯罪的立法如同恐怖犯罪立法一样，是传达立法者姿态与情绪的象征性立法。""网络犯罪立法欠缺实质效果。不同于网络犯罪立法的异常活跃，我国司法实务中网络犯罪罪名适用情况并不乐观。北大法宝案例库显示，截至 2016 年 12 月 31 日，1997 年《刑法》中原有三个网络犯罪罪名，其案例数分别为：非法侵入计算机信息系统罪 2 个，破坏计算机信息系统罪 47 个，扰乱无线电通信管理秩序罪 105 个；2001 年《刑法修正案（三）》中增加的编造、故意传播虚假恐怖信息罪的案例为 23 个；2009 年《刑法修正案（七）》中增加的非法获取计算机信息系统数据、非法控制计算机信息系统罪的案例为 63 个，提供侵入、非法控制计算机信息系统的程序、工具罪的案例为 0 个；至于《刑法修正案（九）》新增的 4 个罪名即非法利用信息网络罪，拒不履行信息网

---

　　① 王华伟：《我国网络犯罪立法的体系性评价与反思》，载《法学杂志》2019年第4期。

络安全管理义务罪，帮助信息网络犯罪活动罪，编造、故意传播虚假信息罪，其案例数均为 0 个。虽然北大法宝是‘全面精选收录我国法院的各类案例’，而不是对我国法院案例的全样本收录，但上述案例数仍能说明问题，尤其是《刑法修正案（九）》之前的 6 个网络犯罪的适用情况。这说明，从 1997 年至今，我国网络犯罪罪名适用率极低。"① 是故，我们在设立新罪之时，要进行切实的数据调研，防止所设立的罪名在司法实践中无用武之地，从而浪费了立法资源。

---

① 刘艳红：《象征性立法对刑法功能的损害》，载《政治与法律》2017年第3期。

后　记

　　数字法治是一个全新的命题，是数字化时代社会治理和法律变革所要遵循的基本方向。"为法治插上数字的翅膀，将数字纳入法治的轨道"，是本书的初衷与愿景。为此，我和浙江大学光华法学院的青年才俊一道，组成了数字法治研究团队，共同研究这个非常有意义并极富挑战性的课题。本书是我和周翔副研究员、魏斌研究员、范良聪教授、冯洋副教授、魏立舟博士、徐万龙博士、查云飞博士、程淑窈博士协同研究的成果。全书努力尝试系统且富有逻辑地展现数字法治的已有实践、理论问题和未来趋势。

　　本书体现了浙江大学数字法治研究团队关于数字法治内涵要义的最新研究成果，解析了从立法、执法、司法到守法各个层面的数字法治内涵，并从数字法治的区域合作、和数字经济的密切联系两个角度，阐释了数字法治的实现路径和重大意义。

　　展望数字法治的未来发展趋势，在立法规划上将有更多相关的法律摆上日程、司法机关更加密切共建共享、执法和守法日益紧密互动，协同推动数字技术与法治实践在更深层次的契合，以更高层次地实现数字法治建设的成就。

我们的团队努力尝试为读者较为系统地阐释数字法治的实践及其背后的理论问题，但面对这样一个全新的问题，我们的研究尚处于初步阶段，只求抛砖引玉之效。但凡能够引发理论和实务界更多地关注数字法治问题，我们已经十分欣慰，敬请各位方家批判、指正。

胡　铭

2022 年立夏于浙江大学之江校区